大规模职业定制

适应非传统劳动者的全新人事制度

〔美〕 凯瑟琳·本科
　　　安妮·韦斯伯格　著

钱　谊　译

商务印书馆
The Commercial Press

2012年·北京

Cathleen Benko　　Anne Weisberg
Mass Career Customization
Aligning the Workplace with Today's Nontraditional Workforce
Original work copyright ⓒ Deloitte Development LLC.
Published by arrangement with Harvard Business School Press.

图书在版编目(CIP)数据

大规模职业定制——适应非传统劳动者的全新人事制度/
(美)本科,(美)韦斯伯格著;钱谊译.—北京:商务印书馆,2012
ISBN 978-7-100-07572-5

Ⅰ.①大… Ⅱ.①本…②韦…③钱… Ⅲ.①职业选择
Ⅳ.①C913.2

中国版本图书馆 CIP 数据核字(2010)第 244374 号

所有权利保留。
未经许可,不得以任何方式使用。

大规模职业定制
——适应非传统劳动者的全新人事制度
〔美〕凯瑟琳·本科　〔美〕安妮·韦斯伯格　著
钱　谊　译

商 务 印 书 馆 出 版
(北京王府井大街36号　邮政编码100710)
商 务 印 书 馆 发 行
北京市松源印刷有限公司印刷
ISBN 978-7-100-07572-5

2012年5月第1版　　　　　开本 710×1000 1/16
2012年5月北京第1次印刷　　印张 12
定价: 30.00元

商务印书馆—哈佛商学院出版公司经管图书
翻译出版咨询委员会

(以姓氏笔画为序)

方晓光　盖洛普(中国)咨询有限公司副董事长
王建铆　中欧国际工商学院案例研究中心主任
卢昌崇　东北财经大学工商管理学院院长
李维安　南开大学国际商学院院长
陈国青　清华大学经管学院常务副院长
陈欣章　哈佛商学院出版公司国际部总经理
赵曙明　南京大学商学院院长
涂　平　北京大学光华管理学院副院长
徐二明　中国人民大学商学院院长
徐子健　中国对外经济贸易大学副校长
David Goehring　哈佛商学院出版社社长

致 中 国 读 者

　　哈佛商学院经管图书简体中文版的出版使我十分高兴。2003年冬天，中国出版界朋友的到访，给我留下十分深刻的印象。当时，我们谈了许多，我向他们全面介绍了哈佛商学院和哈佛商学院出版公司，也安排他们去了我们的课堂。从与他们的交谈中，我了解到中国出版集团旗下的商务印书馆，是一个历史悠久、使命感很强的出版机构。后来，我从我的母亲那里了解到更多的情况。她告诉我，商务印书馆很有名，她在中学、大学里念过的书，大多都是由商务印书馆出版的。联想到与中国出版界朋友们的交流，我对商务印书馆产生了由衷的敬意，并为后来我们达成合作协议、成为战略合作伙伴而深感自豪。

　　哈佛商学院是一所具有高度使命感的商学院，以培养杰出商界领袖为宗旨。作为哈佛商学院的四大部门之一，哈佛商学院出版公司延续着哈佛商学院的使命，致力于改善管理实践。迄今，我们已出版了大量具有突破性管理理念的图书，我们的许多作者都是世界著名的职业经理人和学者，这些图书在美国乃至全球都已产生了重大影响。我相信这些优秀的管理图书，通过商务印书馆的翻译出版，也会服务于中国的职业经理人和中国的管理实践。

20多年前,我结束了学生生涯,离开哈佛商学院的校园走向社会。哈佛商学院的出版物给了我很多知识和力量,对我的职业生涯产生过许多重要影响。我希望中国的读者也喜欢这些图书,并将从中获取的知识运用于自己的职业发展和管理实践。过去哈佛商学院的出版物曾给了我许多帮助,今天,作为哈佛商学院出版公司的首席执行官,我有一种更强烈的使命感,即出版更多更好的读物,以服务于包括中国读者在内的职业经理人。

在这么短的时间内,翻译出版这一系列图书,不是一件容易的事情。我对所有参与这项翻译出版工作的商务印书馆的工作人员,以及我们的译者,表示诚挚的谢意。没有他们的努力,这一切都是不可能的。

哈佛商学院出版公司总裁兼首席执行官

万季美

目　　录

致谢 ··· i

第一章　从职业阶梯到职业网格 ································· 1
第二章　非传统成为新潮流 ······································ 21
第三章　灵活工作制并非答案 ··································· 47
第四章　大规模职业定制 ··· 63
第五章　网格组织之旅 ·· 89
第六章　面向未来 ··· 119
第七章　生活在网格世界里 ····································· 135

注释 ··· 151
作者简介 ·· 177
译后记 ··· 179

致　　谢

资深议员和哲学家西塞罗(Cicero)说过这样的话："感恩不仅是最大的美德,而且还是其他一切美德之源。"我们深感这句话语重心长。这本书的付梓离不开无数向我们敞开心扉,与我们分享人生经历、所见所闻和真知灼见的人们——他们是智慧的源泉。

让我们感谢这支优秀的领导团队,尤其是沙伦·艾伦(Sharon Allen),吉姆·奎格利(Jim Quigley)和巴里·扎尔茨贝格(Barry Salzberg),因为当我们提出全新的审视劳动者、人才和职业生涯的模式时,他们是那样的开明。来自他们的支持和鼓励是如此的执著和坚定。还要感谢我们的同事,来自他们的帮助不胜枚举：合作产生了"1＋1＞2"的效果。

同时也要感谢我们的家人和朋友,是他们帮助我们打理家务,送孩子上学,真心地解决我们遇到的种种困难。这些日常生活中的关爱之举体现了人们对这本书价值的认同。让我们向伸出友爱之手的每一个人致敬。

任何此类的工作都离不开多方的努力。汤姆·海斯(Tom Hayes)和詹纳·卡尔(Jenna Carl)对于此书的付梓功不可没,我们的"女性动议"团队也是如此。同侪杰基·博伊尔(Jackie Boyle)、莫莉·安德森(Molly Anderson)和史蒂夫·赖尔登(Steve Riorda)也以各自的方式对成书做出了重要贡献。

规模职业定制

最后，再没有比家更好的地方了。我们拥有理解和支持我们事业的家庭。感谢乔治（George）、布伦丹（Brendan）、埃利（Ellie）、PD、拉希（Rachie）、马修（Matthew）、萨拉（Sarah）、玛格丽特（Margaret）、埃琳娜（Elena）和伊丽莎白（Elizabeth），因为此书也是你们努力的结晶。

第一章　从职业阶梯到职业网格

> 人们往往认为时间改变事物,但事实上是人去改变事物。
>
> ——安迪·沃霍尔(Andy Warhol)

自科层式组织结构于200年前的工业革命初期出现以来,在公司的职业阶梯上攀爬,便成为了寻求成功的人士一贯遵守的"黄金法则"。然而,如今的公司组织结构已发生了巨大变化,而且职业发展轨迹和劳动者自身也今非昔比。

在过去的20年里,市场和人口因素的一系列变化压缩了公司科层、缩短了职业阶梯并导致具备在职业阶梯上攀爬潜能的雇员数量大为减少。而另外一些经济和社会方面的因素则改变了美国企业雇员的性别构成和民族结构。雇员对"正常"好生活的观念和体验已与过去迥然不同了。

在如今的美国家庭里,丈夫主外而妻子主内的情况只占17%,而这一数字在1950年时高达63%。那时,"婴儿潮"早期的那一代人还未上幼儿园。在83%的美国家庭已属于"非传统"的情况下,许多高级经理或已察觉到,或已面对矛盾了。

规模职业定制

矛盾的根源在于,传统的职场空间与几乎非传统的企业雇员之间发生了错配,也在于传统经济向知识服务型经济的重大转型。这些变化无不要求雇主和雇员做出迅速调整,而这一切发生在仅仅跨越两代人的极短时期内。

需要解决的紧迫问题是:商界领袖如何调整职场的准则和规范,从而更好地适应非传统劳动者的需要?简而言之,答案是:采纳大规模职业定制(Mass Career Customization)。

大规模职业定制建立在这样的基本判断之上:在知识经济时代,人们的职业生涯越来越呈现随时间推移而上下波动的正弦起伏状态。在就业人口减少的情况下,企业竞争力的主要源泉是获得雇员尽心尽力和与他们保持长期联系。而大规模职业定制正是实现这一目标的组织适应性框架。

大规模职业定制是将雇员的天赋、职业理想和生命周期,与企业持续演化的市场战略和相应的人才需求结合起来的一种结构、一套系统性方案或一部公司手册。同样重要的是,大规模职业定制关注、承认并支持知识型雇员变化中的人生节律,并为他们提供融合工作与生活的可推广方案。

基于以上理由,大规模职业定制对于职业生涯的作用,就如同大规模商品定制(Mass Product Customization)对于消费者一样:以一系列定制的个性化商品替代千篇一律的东西。实施大规模商品定制的结果是什么呢?更多的利润、更低的成本、更高的消费者满意度和更强的品牌忠诚度。

同样,大规模职业定制有利于增强雇员的工作满意度和效忠心,从而为企业带来独特的竞争优势;有利于企业更好地与优秀雇员建立长期和稳定的关系,并由此提高工作效率;有利于减少雇员跳槽,降低企业的人事成本。

第一章 从职业阶梯到职业网格

对雇员的新要求

随着"公司阶梯"的过时和被我们称为"公司网格"的这一更加具有适应性的职业发展模式的兴起,大规模职业定制这一结构性应对方案应运而生。"公司网格"的命名灵感来源于数学:在数学里,网格结构提供了在单元和次单元间进行多方向移动的自由度,而非仅仅限于向上或向下的移动。[1] 从理论上讲,网格是一种可以在任意层次上无限复制的结构。

在现实世界中,从玫瑰园到常春藤,网格特征随处可见:它们是富有生命力的活跃平台,以螺旋、翻转和攀升等多种形式体现向上的力量。从这个意义上来讲,网格比阶梯更加多元化,因为后者只提供了一种以固定步伐向上的单一通道(见图 1-1)。

图 1-1　阶梯与网格

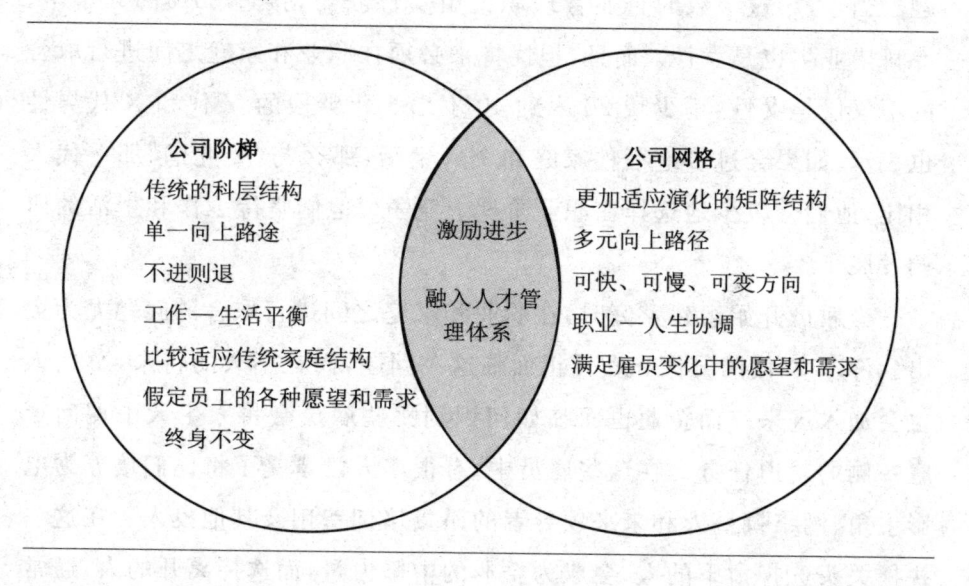

公司阶梯
传统的科层结构
单一向上路途
不进则退
工作—生活平衡
比较适应传统家庭结构
假定员工的各种愿望和需求终身不变

激励进步
融入人才管理体系

公司网格
更加适应演化的矩阵结构
多元向上路径
可快、可慢、可变方向
职业—人生协调
满足雇员变化中的愿望和需求

大规模职业定制

大规模职业定制促进公司阶梯向公司网格转型:一些大公司正在为雇员和管理者提供标准化的透明职业定制方案。从企业的角度来看,实施大规模职业定制是跟上时代发展潮流、吸引和留住高价值雇员,并加强人才培养和储备的有效新途径。从雇员的角度来看,公司网格和职业定制是他们(尤其是女性雇员)走出"要么接受,要么放弃"这一职业抉择困境的出路。

当今职场中急需这些"出路"的人们(尤其是女性雇员),在远未加入就业大军时,便与朋友们公开谈论如何在职业需要与家庭需要之间进行取舍的话题。他们希望在大企业或专业服务公司里工作几年后,便获得具有吸引力的升迁机会——因为此时到来的升迁机会与他们的"生物钟"并不冲突。对于年轻女性来说,她们最怕陷入由公司阶梯主导的职业升迁竞赛之中,因为在这种竞争之中,她们除了接受升迁或放弃升迁外,很少有其他选择。

女性雇员的这一"职业—家庭"两难困境,也是雇主们必须面对的问题。当今,超过半数的企业管理职位由女性获得,接近60%的大学本、专科毕业生也是女性。[2]而且,担忧将来必须在职业和家庭之间进行取舍的不仅仅是女性:不少快20岁到40岁出头年龄段的Y代和X代男性也表示,如果会过多地牺牲家庭和个人生活,那么与"婴儿潮"那一代人相比,他们会较少地选择在职业阶梯上竞争。[3]他们坚持工作和生活的协调发展。[4]

当雇员开始组建家庭时,在职业和家庭之间进行取舍的问题尤为突出。许多X代的男性和女性正面临这一问题,而在不久的将来,Y代人也会加入进来。而企业也面临如何识别哪些雇员会将人生天平偏向家庭一侧的紧迫任务。在这些雇员中,有很多人已享受了将他们培养为电影主角、网络撰稿人和未来领导者的昂贵培训费用及其他投入。在这一抉择关头选择留下的人,会成为企业的中坚力量,而选择离开的人,通常职业生涯就到此为止了。

为什么在这儿？为什么是现在

那么，为什么现在是承认公司组织结构必将由"阶梯"转型为"网格"，并加以应对的时候？一个重要的原因是，我们并不陌生的六大人力资源趋势已汇集起来向商界领袖提出了前所未有的挑战（见专栏"相汇集的六大人力资源趋势"）。多年以来，甚至在过去的几十年里，这些趋势已经显现，而在有些过去能对这些趋势起到抵消作用的因素逐渐消退的情况下（如"9·11"之前，大量的外来移民对以上趋势起到一定的掩盖作用[5]），随着它们的相互交汇，其影响力正越来越强。

相汇集的六大人力资源趋势
• 技术工人减少
• 家庭结构变化
• 妇女人口增加
• 男性的职业期望发生改变
• X、Y 代人期望趋同
• 科学技术的影响力增强

结果是，雇员的构成、工作态度和工作能力的普遍错配。人们可能已经察觉到了某些迹象。本书的一个目的正是对这些情况加以分析，使之可触可察，故而更易加以应对。

第二章将详细阐释这六大趋势及其影响力，而本章仅引用一些研究成果，点明由当今劳动者带来挑战的战略意义。首先，根据历史和预测人口出生率，以及预计的移民率，2010 年至 2020 年间，美国劳动力预计

5

仅增长4%,且这一增长率在2020年至2030年间,将不足3%;而在21世纪的头10年里,这一数字是12%。以上数据意味着,到2020年时,美国劳动力的年均增长率仅为0.3%,而现在是1%。[6] 这一估计考虑到了来自印度和中国等国移民的增加,以及美国向这些国家开展离岸外包的因素。

另一方面,女性正大量步入职场。在过去的25年里,女性像是被困在"公司煤坑"里的金丝雀,在职业与家庭之间奋力挣扎。有时争取到了特殊优惠待遇,而有时则精疲力竭地离开。[7] 许多研究指出,在20世纪70年代时,关于工作时间和工作场所的传统观念和标准已经开始瓦解。在这一时期,职业女性越来越多,特别是出现了大量职业母亲。如今,她们已成为美国经济发展的重要力量,其中越来越多的人成为了企业领袖。

最新的研究表明,男性尤其是X代和Y代的男性对工作时间和工作地点上的严格限制已越来越不满了。[8] 他们当中,只有很少一部分人认为上司给予了他们在职业和家庭间进行取舍或调整的自由。[9] 曾于1995年至2005年任地处华盛顿的阿诺德—波特(Arnold & Porter)律师事务所执行股东的詹姆斯·J.桑德曼(James J. Sandman)指出,近年来,越来越多的男性会因为家庭需要和为了获得更多的个人自由而放弃在律师事务所的发展。"这可不比女性作出同样的决定,"他说道。[10]

事实上,与女性相比,男性往往更难找到问题的解决之道。他们担心在公司里"大谈家庭"会被认为事业心不强,因而会被贬到冷岗位,甚至被赋闲或者劝退。在当今美国,90%甚至更多的工作岗位还是根据20世纪早、中期的标准化家庭模式和生活节奏设计的。在那个年代,妻子唯一的职责是在家中抚育孩子,而丈夫每周有40个小时在工厂、办公室或商店工作。而现在,到了对职场管理模式进行彻底变革的时候。是的,需要改变旧观念了。

新兴标准：大规模职业定制

具体来说，雇主与雇员的关系不应停留在僵化的合同条款之上，而应向更加透明和崇尚持续合作的方向转变。大规模职业定制将成为新兴标准，因为它以一种可持续的方式兼顾了雇员当前和未来的职业选择与企业当前和未来的发展需要。

大规模职业定制的基本原则包括：

- 为雇员提供更多的职业规划选择机会，从而满足人生不同阶段的不同需要
- 企业和个人共同承担职业规划责任
- 将"因时而变"视为企业和个人的核心竞争力
- 使选择与取舍的过程更加透明化，以此保证计划更周全、决策更优、满意更多
- 雇员和企业双赢
- 培养新型的效忠心和归属感，借此留住人才

作为消费者，我们已经习惯于厂家和商家定制日常生活所需的各种商品与服务——电脑、牛仔裤、运动鞋和信用卡等。为何不在职场借用这种消费品市场的揽财之道呢？

公司网格框架下的职业定制能够为企业和带来多方面好处，而这是公司阶梯模式难以匹及的。例如，对于X代人和Y代人担心的由于"婴儿潮"那代人延迟退休而对他们的职业升迁造成的"银色天花板"问题，在传统的阶梯模式下，这一问题无疑影响了年轻人的发展。[11]而公司网格则便于新生代与前辈可以沿不同道路为企业做贡献，并实现自身的可持续发展。同样，有数年工作经验的女性雇员可以继续留在岗位上，而不必被迫离职；即使人生不同阶段的家庭职责正束缚着她们对工作的

投入。

网格结构的大规模职业定制有助于吸引、留住并培养忠于企业的年轻雇员,因为他们需要根据自身的情况决定加速和减缓职业发展。同时,网格结构也便于"空巢父母"更多地为雇主服务,而"婴儿潮"代人若想放缓工作节奏适应个人生活所求,也不必为保住一份全职工作而难作取舍。

只有意识到这六大趋势对下属产生的重要影响,并采取措施加以应对的商界领袖,才能成为时代的弄潮儿。而在他们当中,只有那些应对得当,并坚持不懈的,才能塑造全新的核心竞争力。

一些公司已经在未对原有人事政策和措施(人力资源系统)进行较大变革的情况下,成功地应对了这些趋势之中的一二。然而,若想百尺竿头,更进一步,则须更加主动和更加富有创造性。为了跟上劳动者的变化趋势,企业必须对工作模式进行反思,并通过革新人力资源系统、组织结构和文化(及态度),帮助优秀人才定制职业生涯。

过去几十年里,许多工作能力强和成长潜力大的雇员最终落得个赋闲,或者大材小用。我们相信,如果职业定制成为可能,这些人才在面对职业抉择时,便不会陷入困境。迈拉·M. 哈特(Myra M. Hart)教授的一项开创性研究揭示了以上现象对企业和经济发展的负面影响。该研究发现,毕业于哈佛大学商学院,至少有一个孩子的女性当中,有62%以上的人毕业后处于赋闲或兼职状态。[12] 而类似的研究显示,在获得斯坦福大学商学硕士的女性当中,有35%的人职业生涯至少中断过一年,其中64%的人表示是由于家庭原因。[13]

大规模职业定制下的多元化职业发展可能是无法在僵化和单一的公司阶梯模式中得到实现的。一些试图克服传统职业轨迹弊端的孤立措施,只能见效一时,并注定走向失败,往往导致雇员在职业阶梯上走下坡路。[14] 而有的企业甚至连这些孤立的措施都没有。

第一章　从职业阶梯到职业网格

大规模职业定制的最初实践雄辩地证明其对于雇员的吸引力远远超过灵活工作制：当前企业赖以迁就雇员的家庭和个人生活需要的常用福利措施。

灵活工作制：不错——但并非答案

上世纪80年代，许多公司为了满足雇员在工作的同时兼顾照料子女和家庭的要求，并不情愿地实施了一些措施。这些要求主要是由女性提出的。最初的"灵活时间"措施包括产假和灵活工作时间。后来这些及类似做法逐渐发展成为我们通常所见的"灵活工作制"（Flexible Working Arrangements）。

90年代，为了吸引并留住优秀雇员，很多公司正式实施了灵活工作制。[15]然而，灵活工作制的实施效果并不理想：70年代大批进入职场（现已30岁以上，并有了子女），如今仍极具发展潜力和才华出众的女性依然视职业和个人生活的冲突为她们不得不退出职业生涯的首要原因。查尔斯·罗杰斯（Charles Rodgers）是最早倡导为雇员提供工作选择机会的人士，1992年他对超过20家大型企业的研究显示，尽管"需求巨大"，但只有不到1/3的雇员享受了灵活工作待遇。[16]

"繁重的家庭义务严重压缩了雇员可用于工作的时间，而正是由于这样的原因，许多雇员希望能够比较灵活地工作，"罗杰斯说，"现行的做法、政策和管理理念并不能满足这部分雇员的要求，以至于妨碍了他们在工作岗位上充分施展才华。"[17]

正如将在第三章进行讨论的，灵活工作制虽已很普及，但却形同虚设，几乎未发挥作用。[18]已有的灵活工作制主要局限于产假和在雇员孕期、子女未成年期以及目前呈上升趋势的照料家中老人的时期实行的非全日制工作安排。很多雇员认为，如果以种种理由争取灵活工作待遇，则会被同事和上司看作缺乏事业心。而在绝大多数公司里,男性雇员普遍认为,灵活工作制仅仅是针对女性而设置的,主要面向女性雇员,尤其是职业母亲。[19]

管理者通常认为,从好处来讲,灵活工作制是企业对雇员的迁就,而从坏处来说,灵活工作制则妨碍实现商业目标——他们的商业目标。由于种种无法说清道明的原因,企业与雇员无法在薪酬、升迁和工作绩效方面协商一致。事实上,虽然灵活工作制表面上是雇员与管理者的"一对一"协议,但实施起来却会影响到整个团队和部门的成员。同事们往往感到要帮忙"收拾烂摊子",而企业的客户也会因为得知某位雇员享受了灵活工作待遇,而感到公司服务的质量下降了。

而且,由于灵活工作制难以规范化,因而很多企业感到实施成本高昂,而当事管理者对之的感受最为真切:在缺少成熟的规章制度作为参照的情况下,他们必须与雇员进行一对一的协商。要求享受灵活工作待遇的雇员越来越多,管理者不得不为之投入大量的时间(也许你有过亲身体验)。缺乏成熟的规章制度,而又有越来越多的雇员要求享受这一待遇,这两方面结合起来,向企业界提出了加快解决"何地工作与何时工作"这一难题的紧迫任务。也正是由于上述原因,很多管理者认为,灵活工作制是企业向全职工作的雇员想在职业阶梯上打退堂鼓的妥协。

在过去的十多年里,不少进入财富500的大型专业服务公司提供了多种形式的灵活工作制,甚至以此作为揽才之略。然而,很明显,这一福利待遇并未帮助雇员成功地留住优秀雇员。个中原因在于灵活工作制存在如下局限:

- 仅仅是针对工作时间和工作地点的局部性与阶段性解决方案
- 往往局限于企业的低级事务岗位,而具有决策权的雇员享受这一待遇的情况并不多见
- 无法随雇员整个职业生涯中不断变化的家庭和个人需要而做出

相应调整
- 未考虑雇员的职业角色、工作性质、升迁步伐和工作职责等方面发展和变化

灵活工作制的以上局限性严重制约了雇员的职业发展,而这仅仅是因为他们需要应付一些紧急和短期的事务。也正是由于这样的原因,先天不足的灵活工作制挫伤了雇员的职业进取心。有资料显示,为了照料家庭,每十位职业母亲便有四位在职业生涯的某一时刻退出了工作岗位。[20]

即便如此,随着越来越多的职业男性和女性要求雇主考虑他们的生活需要,"一对一"的有关"如何工作与何时工作"的零星磋商正在迅速增加。[21]而管理者需要的是一套可推广的、条文明晰的并虑及雇员职业发展全过程——而非仅仅针对某一时点的——行动方案,借此,他们才能从容应对这一高度个性化的磋商。

创造新模式

大规模职业定制具备了灵活工作制所缺乏的可推广性、规则的明确性以及透明化和一致性,从而有利于管理者更有效地与雇员共同制定职业发展规划。

与大规模商品定制这一成功的营销和制造理念一脉相承,大规模职业定制发端于传统的刚性公司阶梯和作为权宜之计的灵活工作制。得益于大规模职业定制,企业可以为雇员提供多维度和定制化的职业体验,而雇员则会以更强职业敬业精神和对企业更高的效忠心投桃报李。

第四章到第六章,我们将介绍大规模职业定制的核心要素、诸要素的相互关系和人们如何借助其进行职业规划。而本章仅简单介绍职业生涯的四个组成维度,以及由这四个维度的不同选择而决定的个性化职

业生涯。

大规模职业定制认为职业生涯的四个维度——晋升步伐、工作负荷、工作地点/工作日程和工作职责——存在有限的选择,并提供了随时调整这些选择的结构性方案而非权宜之计。雇员通过与管理者的协商,可以根据不同阶段的职业目标,在每个维度上做出选择,从而塑造个性化的职业生涯(并随人生的变化而不断做出新的调整)。而记录在案的职业生涯选择有利于雇员和雇主在工作职责、绩效评估和奖励方面做到心中有数。

图1-2是一位处于职业发展中期的销售经理的典型大规模职业定制档案。晋升步伐选项接近中间部位,表明他的仕途发展顺利,地位在提高、责任在加大。他全职工作,没有任何限制,这表明他要经常出差,不挑工作地点(换言之,工作负荷定为"满负荷",工作地点/工作日程被设定为"无限制")。工作职责选项处于较低位置,这表明他只是一位中层管理人员。

大规模职业定制档案是雇员职业生涯的即时快照。大规模职业定制提供的多重选择能够满足雇员的当前需要,也便于他们为未来可能出现的变化提前做好准备,这些变化包括组建家庭、继续深造或加快职业发展等。

其实,对于非正式大规模职业定制的一些做法,人们并不陌生,这主要有一些零星的措施:每周在家工作一两天(工作地点/工作日程),或者为了照料家中老人而放弃一次晋升机会(晋升步伐)。初为人父母的雇员为了承担更多家庭责任而从决策型工作岗位转入事务型工作岗位,由此减少出差(工作职责)或缩短每周的工作时间(工作负荷),如此等等。

第一章 从职业阶梯到职业网格

大规模职业定制的四个维度
晋升步伐 有关职业发展速度的选择
工作负荷 有关工作量的选择
工作地点/工作日程 有关何时何地工作的选择
工作职责 有关职位和职责的选择

晋升步伐	工作负荷	工作地点/工作日程	工作职责
加速	增负荷	无限制	领导者
⋮	⋮	⋮	⋮
减速	减负荷	有限制	普通员工

图 1-2 大规模职业定制档案

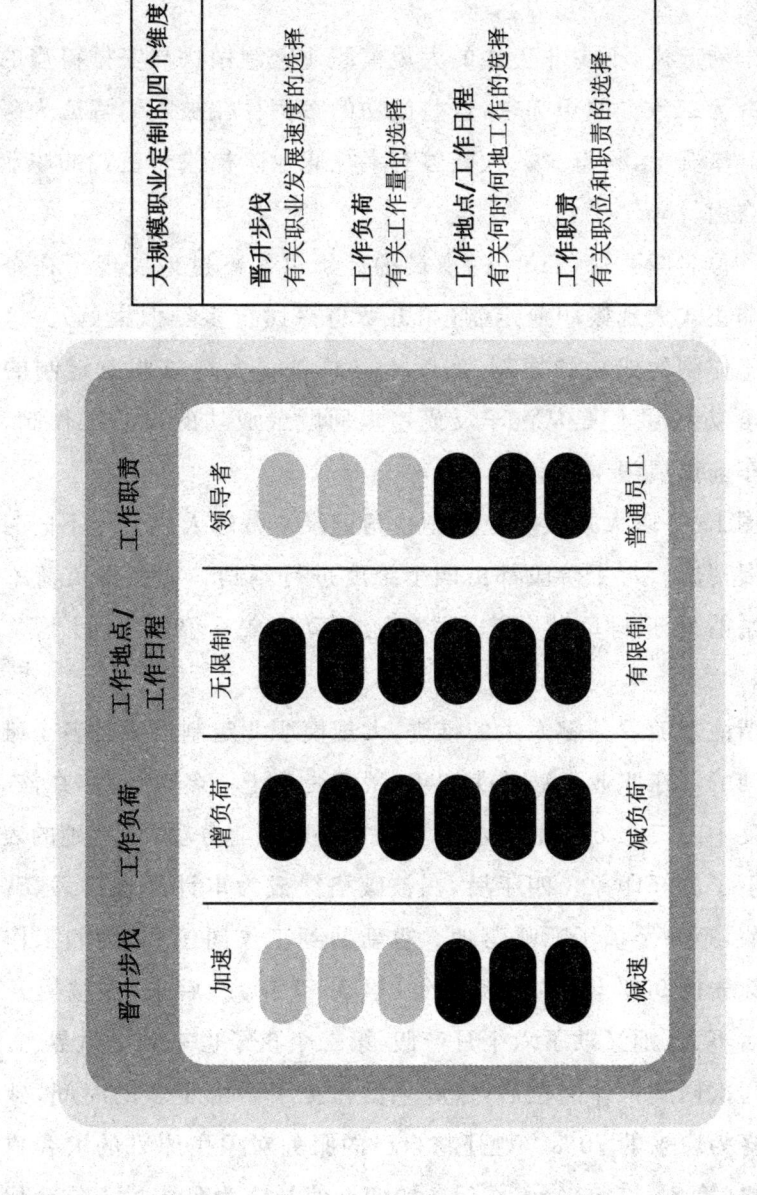

大规模职业定制

一切已经开始

乍看起来,不少非正式的大规模职业定制做法与安排得当的灵活工作制并无二致。回想起来,这些成功的案例往往被人们解读为碰巧成功之举。事实上,只有少数人能够有幸在职业阶梯或非正式的职业网格中来去自由。

一位名叫蒂娜(Tina)的雇员的经历再好不过地展现了在企业界实行的非正式大规模职业定制(第五章将探讨更多类似案例)。这是典型灵活工作制的成功的案例,实际上已具备了大规模职业定制的不少特性。可以说,我们是从汽车反光镜里回顾最成功的灵活工作制,而非通过汽车前窗展望未来。

图1-3以大规模职业定制视角记录了蒂娜人生五个不同时期的职业发展情况。每个阶段都由四个维度进行刻画。如工作负荷维度在蒂娜结婚前处于满负荷状态,而在她生育第二个孩子期间下降为三档负荷。

请注意随着蒂娜人生的推进,大规模职业定制档案的各个维度是如何变动的。在职业生涯的头四年,蒂娜受雇于一名审计师,在该时期,四个维度中的三个处于最高水平。在一项重要业务项目中,她的表现给上司留下了良好印象。四年后,在被破格提拔为审计经理后,她歇了三个月产假,第一个孩子呱呱落地。重新回到工作岗位后,她的工作负荷下调为原先的90%,并持续了三年(第5—7年)。后来,在被提升为高级经理后不久,她又歇了六个月产假,第二个孩子也来到了世界。

再次回到工作岗位后,家庭生活占据了蒂娜更多的时间,她的工作负荷降为原来的70%。她还将自己的服务对象由原来的大客户调整为小客户(第8—9年)。工作任务的变动使她成为公司另一位合伙人的下

第一章 从职业阶梯到职业网格

图 1-3 蒂娜人生不同阶段的大规模职业定制档案

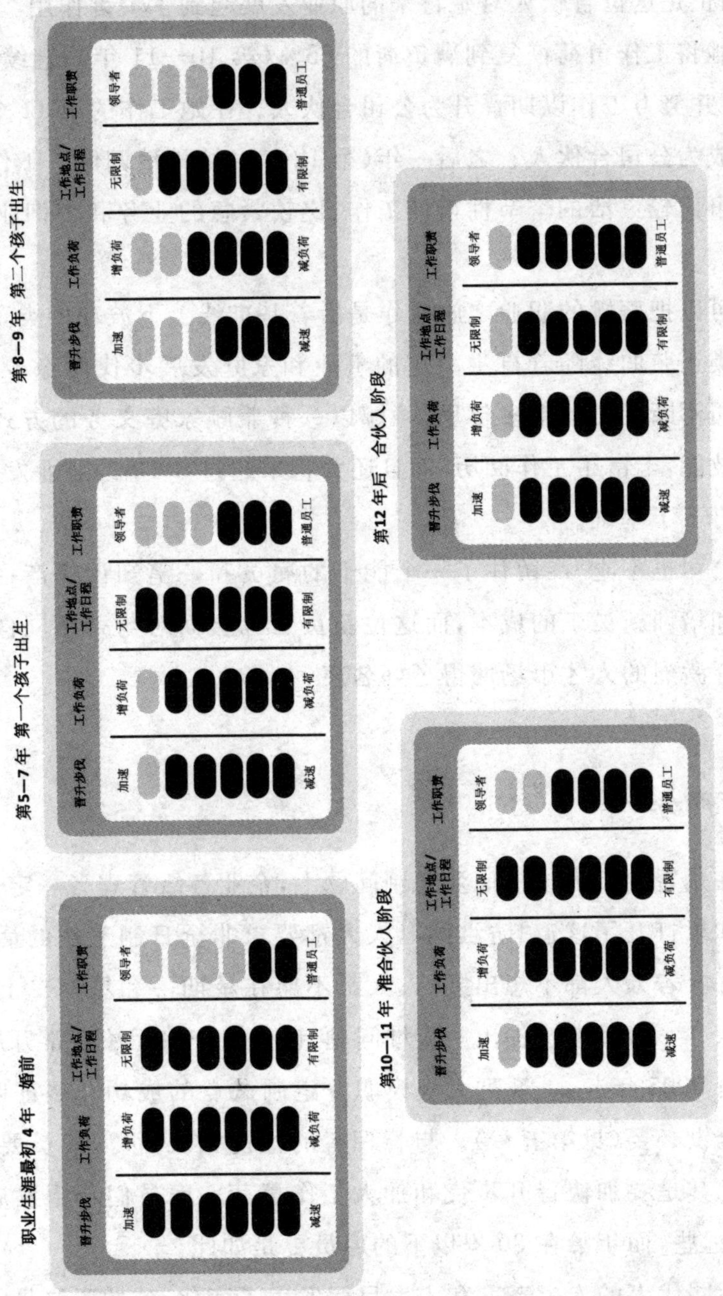

职业生涯最初 4 年 婚前

晋升步伐	工作负荷	工作地点/工作日程	工作职责
加速	增负荷	无限制	领导者
减速	减负荷	有限制	普通员工

第 5~7 年 第一个孩子出生

第 8~9 年 第二个孩子出生

第 10~11 年 准合伙人阶段

第 12 年后 合伙人阶段

15

大规模职业定制

属,而正是这位合伙人对她将来的职业发展起到了关键作用。

她将工作负荷恢复到满负荷的85%(第10—11年),继续从事审计工作,并努力工作以期晋升为公司合伙人。在她工作的第11个年头,她如愿成为公司合伙人。之后一年(第12年),她稍稍调低了工作负荷,转而从事比较灵活的季节性审计工作、比较紧急的业务和咨询业务(第12年后)。

可以把蒂娜的职业之旅看作是沿着基准线上下波动的类正弦曲线,这条类正弦曲线随着自主决定的事业和家庭发展步伐而稳步上升。在与上司不断磋商的十多年里,蒂娜以一种兼顾家庭义务的方式,提升了职业技能,丰富了工作阅历,而且还为将来超过30年的职业发展和职业回报打下了基础。

公司也不吃亏:留住了一个能干的雇员和一笔知识资产;省下了再招聘和培训新员工的成本,而这位新员工也会面对与蒂娜同样的问题;在争夺激烈的人才市场博得了好名声。

权衡利弊

在是否实行大规模职业定制问题上,企业各级管理者一定会心存疑虑。如果打开了这道"防洪闸",人人都要求非全日制工作的话,那该如何是好?若人人都不想出差,人人都不愿在星期一和星期二上班,那又该怎么办?管理者会提出一大堆问题,认为工作将无法正常开展。

自2005年起,一系列大规模职业定制试点的成功开展证明以上疑虑完全没必要(见第五章)。与管理者的担忧相反:很多雇员要求"往上调",尤其是要加快晋升步伐和加大工作负荷。雇员们希望发展得更快些、更远些,而年龄在30岁以下的雇员更是如此。

不同代人的人生态度和人生目标发生了变化,这并不鲜见。曾供职于美洲银行,现为某房地产投资公司的一位X代公司创始人曾告诉《财富》杂志:"我父亲在同一家公司工作了32年,是位忠诚的公司战士……但我们这一代人更加看重快速发展的机会,而非一份稳定的工作。"[22]

为了适应雇员"往上调"需求的激增,企业管理者必须调整现有的用人和晋升模式,当然,在处理"往下调"时也须如此。通常对于雇员来说,若减少工作时间,薪酬必然下降,而较少的工作时间意味着对企业的贡献也较少,那么他们的晋升步伐必然放缓。在这样的情况下,企业管理者必须学会如何从绝对值和相对值上区别雇员工作的"质"和"量"。

这些利弊权衡是大规模职业定制的重要组成部分,且必须将其融入每位雇员根据自身的规划在四个职业维度上进行选择的过程。对这些利弊的权衡还应成为职业规划顾问和雇员定期讨论的内容之一。对管理者、职业规划顾问和雇员进行培训,以增强他们开展此类讨论的能力,是创建大规模职业定制组织的重要环节。

事实上,对于以雇员活力而著称的公司来说,采纳和运用大规模职业定制的某些元素已不是什么新鲜事。例如,洛克希德·马丁(Lockheed Martin)公司为潜力大的雇员实行轮岗制,以此让他们接触到更多的职业选择,并获得更多的发展机会——增加了可选工作职责。该公司还鼓励有经验的"婴儿潮"代管理人员辅导年轻雇员制定职业规划。自2001年以来,该公司的离职率仅为2.5%,远低于同行两位数的离职率。[23]

"招聘者往往以高工资诱惑你,但真正关键的是这家企业正在做什么,尤其能否让你学到东西,"31岁的系统动力经理恩吉娜·麦克莱恩(Ngina Mclean)如是说,"只有在这里,我才确信自己会干上一辈子。"[24]正是由于雇员这样的态度,难怪洛克希德·马丁公司能在2006年《商业周刊》杂志发起的"大学生50佳雇主"评比中,位列第三,仅次于沃特·迪斯尼公司(Walt Disney Company)和德勤(Deloitte)。[25]

大 规模职业定制

大规模职业定制的期权价值

有了大规模职业定制,无论雇员是否需要或愿意尝试职业定制,最优职业发展路径便呈现在了雇员与雇主面前。意识到自主规划职业生涯成为可能,而且还看到其他人正在由自己定制的职业发展轨道中顺利发展,雇员与企业的感情便会加深——而企业千方百计寻找的人才也会早早地加盟进来。

当雇员发现自己在生活和工作的关键时期无法自主安排职业生涯时,便会跑到能够满足他们这方面需要的地方。即使雇员对现在的工作非常满意,且职业生涯的下一个关键时期还远在多年之后,这种情况也会发生。

消除工作模式现今的工作体系与非传统劳动者的家庭和代际模式及结构之间的错配问题,是摆在企业领导者面前的一项紧迫任务。而大规模职业定制框架下的网格组织则是消除以上雇员与企业之间错配的系统性解决方案。该方案能够兼顾当前需要和长远规划,还能激励雇员——尤其是对企业未来发展极具价值的雇员——对企业长期效忠。

对企业而言,减少雇员的离职率能够有效降低招聘和运营成本,并由此增强企业的竞争力。同时,大规模职业定制直接有利于稳定雇员群体,而雇员留职率的提高,对于提高客户服务质量、增强客户的忠诚度和最终促进企业发展都至关重要。在很多行业,雇员离职率超过15%,因而对于快速发展的企业来说,招聘成本可能高得惊人。许多人力资源专家指出,为顶替离职雇员而招募、培训并留住一名新雇员所付出的成本至少是那位离职雇员年薪的两倍。而对于以雇员的知识储备和分析能力为核心竞争力的企业来说,这一成本会是雇员年薪的五倍。

"我无法适应工作,工作与我的生活格格不入",对于雇主和雇员来说,这看似一个无法解决的难题。然而,如果读者耐心读完全书,便会发现大规模职业定制为雇主和雇员提供了针对这一问题的切实可行解决方案。

第二章 非传统成为新潮流

一切事物均变化。

——赫拉克里特斯(Heraclitus)

似乎每天都有关于正在变化的新一代劳动者的新闻。[1]从《经济学家》杂志的封面文章《人才为何越来越难寻》,到《财富》杂志的封面文章《获得新生活,不再做工作狂》,再到《纽约时报》的文章《当工作不必上班时》。[2]媒体的关注说明了这些问题对于社会,因而也是对于商界领袖的重要性正日益增强。然而,这一具有历史意义的劳动者变化趋势仍通常被视作零星和孤立的现象。Y代女性更关心她们的社交而非工作,传统工作母亲与她们大不相同吧?停滞不前的大学毕业率与越来越多的"学子"渴求"享受生活"之间不无关系吧?

在本章,我们将剖析这六大趋势(见图2-1),并列举每一种趋势是如何加剧变化中的劳动者与刚性的工作模式之间的冲突的。当然,一些企业已在没有改变职业阶梯核心系统和流程的情况下,成功地应对了以上的一种或两种趋势。然而,面对这些趋势的综合影响,企业必须寻找安排工作和规划职业生涯的新途径,从而回应当今知识型劳动者的新要求和新期望。

图 2-1 劳动者的六大发展趋势

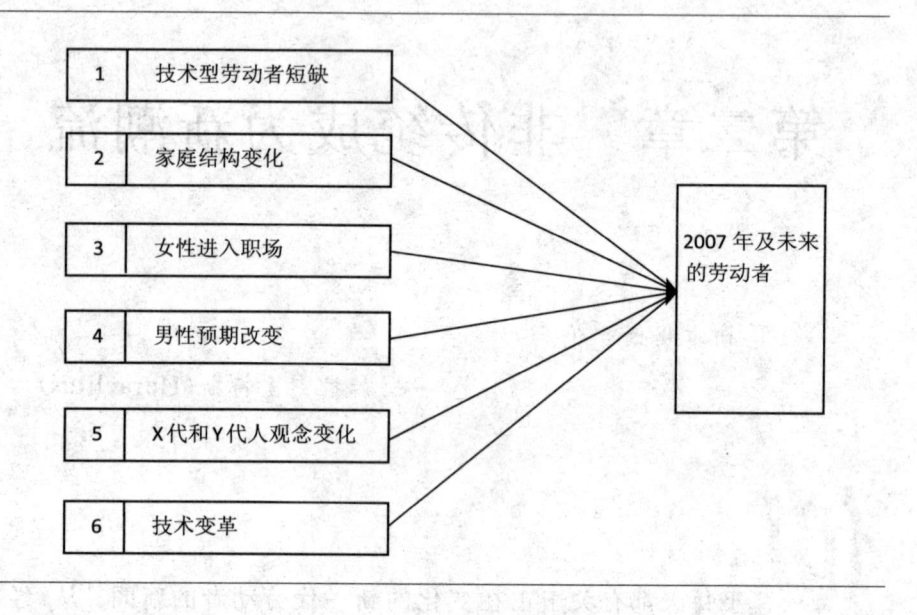

1	技术型劳动者短缺
2	家庭结构变化
3	女性进入职场
4	男性预期改变
5	X代和Y代人观念变化
6	技术变革

→ 2007年及未来的劳动者

趋势之一：熟练的知识型劳动者短缺

未来十年，人才越来越紧俏。影响人才供应的因素有：(1)"婴儿潮"代人退休；(2)低生育率；(3)全球范围的人才竞争；(4)高校毕业生人数停滞不前，而社会对于高素质人才的需求却快速增长；(5)高中生，甚至大学生的基本技能，如写作、书写能力等，呈下降趋势。

在知识经济时代，企业要求雇员具备良好的沟通能力和分析问题的能力。然而，如今缺乏的正是这样的人才，而在未来十年里，这样的人才会越来越缺乏。据就业政策基金会（Employment Policy Foundation）估计：到2012年时，大学应届毕业生人数将比劳动力市场需求整整少600万人，远远无法满足经济发展和补足退休空缺的需要。

一些行业正面临此类技术缺口问题。[3]根据美国国家航空航天局（NASS）的测算：1998年至2008年之间，约有200万"婴儿潮"代人退休,而能够接他们班的大学毕业生(理工科)人数却只有19.8万人。[4]知识经济对雇员的技能要求越来越高,而2006年开展的一项由431名企业领导者参与的调查却显示:大学应届毕业生缺乏包括拼写、造句和基本数学运算的能力。[5]有近1/3的参与调查企业的领导者甚至"怀疑这些毕业生能否独立起草一封简单的商业信函"。[6]

即使企业可以想法提高雇员的技能,但问题是劳动者的数量远远满足不了市场的需求。"婴儿潮"代大约有8,000万人,是他们之后的X代人数的两倍。Y代有7,600万人,而他们刚刚迈入职场。由此,"婴儿潮"代人与Y代人占据了目前就业人口的绝大多数,从而形成一种"沙漏"效应,导致就业市场青黄不接(见图2-2)。

图2-2 2004—2014年劳动人口年龄的变化预测(单位:千人)

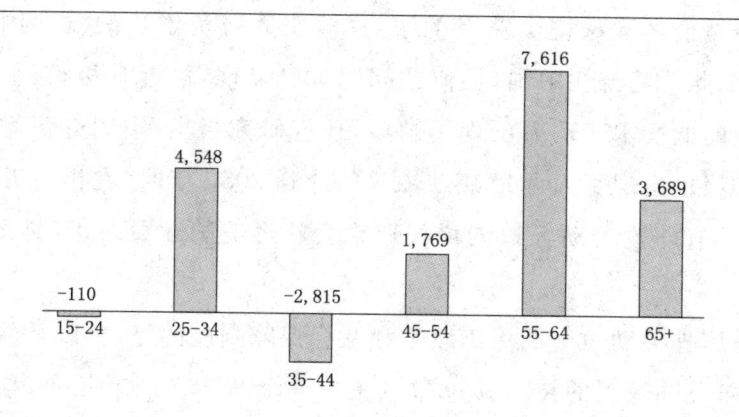

资料来源:U. S. Bureau of Labor,"Labor Force,"*Occupational Outlook Quarterly* 49, no. 4 (Winter 2005—2006):46—53。

具备专业技能和富有经验的雇员人数正在下降,但这只是诸多问题中的一个,还有其他问题。例如,一旦资深经理跳槽,随之流失的是由他经年积累的企业内外人脉。在这样的情况下,如何将这些人脉传承给企业中的后来人,便成为一件事关紧要的任务。也正是基于这样的考虑,留住企业中快速成长、经验丰富和事业心强的业务骨干的战略意义空前重大。

还有,如今人口出生率只能勉强齐平人口更替率。这也就是说,美国的劳动人口将停止增长。正如肯·迪赫特沃德(Ken Dychtwald)、塔玛拉·J.埃里克森(Tamara J. Erickson)和罗伯特·莫里森(Robert Morison)三位作者合著的《劳动人口危机:如何应对当前的人才短缺》一书所述:"2010—2020年间,劳动人口的增长率将由21世纪第一个十年的总计12%下降为4%,而在2020—2030年间,这一数字还将进一步下降为3%。这也就是说,以年增长率来计算,美国劳动人口的增长速度将由现在的略高于1%,下降为2020年时可怜的0.3%。"[7]

很多企业指望通过引进国外劳动力填补缺口,但现实是,美国的出生率已经是很多国家望尘莫及的了,这对于人口负增长的欧洲国家来说,更是如此。甚至在中国,类似的问题也已显现:最近有报道说,中国制造行业的低技术劳动力出现了缺口,还有研究指出,中国知识型服务业出口部门也出现了人才短缺现象。[8]预计到2050年时,在世界几大经济体中,只有印度劳动人口的增长速度会超过美国和墨西哥(见图2-3)。

随着国外劳动力市场用工政策和社会保障制度的完善,以及就业机会的增多,美国吸引的技术移民数量正在逐渐减少。[9]最近几年,移民率已大幅下降,主要原因之一是美国政府每年的签证发放量减少了2/3。此外,"9·11"事件以后严格的安检措施导致签证手续更加烦琐和耗时,从而使不少移民申请者望而却步了。[10]事实上,随着世界各国经济的发展,越来越多的人才愿意留在本国工作了。

快速成长的高技术人才就业市场(如印度和中国),正受到越来越多高素质人才的青睐——他们无须出国寻找高质量就业机会。[11]正如微软

第二章 非传统成为新潮流

图 2-3 劳动人口（15—64岁）变化预测，1970—2010年与2010—2050年对比

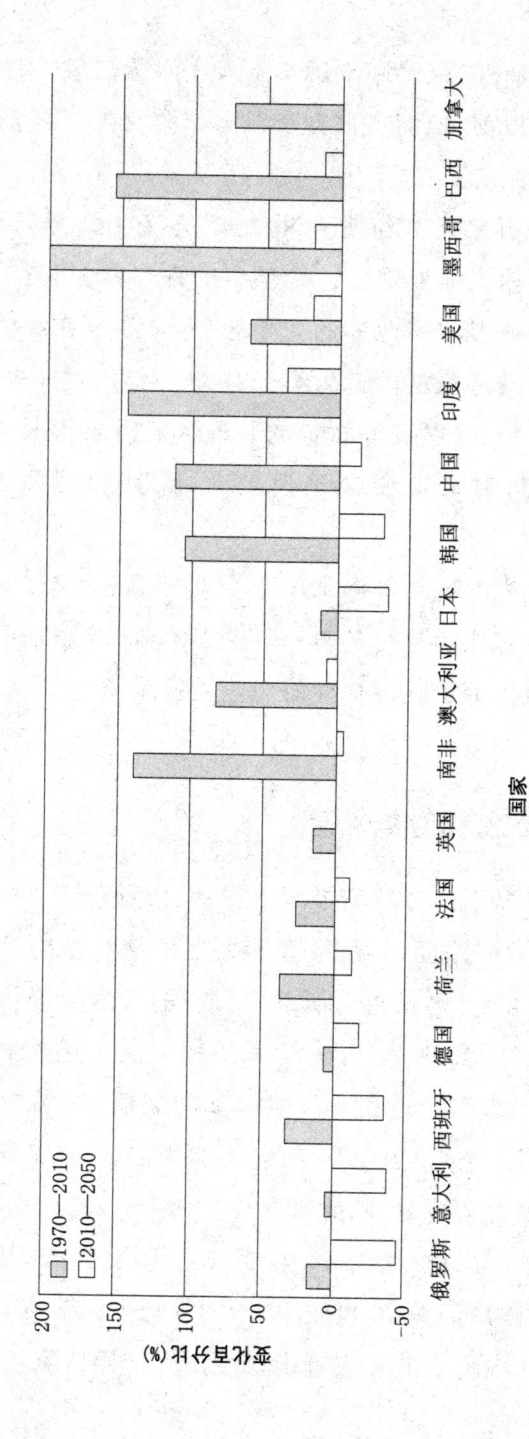

资料来源：Deloitte Research, "It's 2008:Do you know where Your Talent Is?" (New York:Deloitte Development LLC, 2004)。

25

总裁比尔·盖茨所述,众多高学历本土人才活跃在微软的印度和中国研发中心,"如果是以前,他们多数会来美国。"而现在,"越来越多的人根本不来,或者来了,又走了。"[12]

劳动人口预测专家费利斯·N.施瓦茨(Felice N. Schwartz)20年前预言中的情景惊人地显现了。她预言的许多社会和技术发展趋势已经改变了当今商业界和产业界的竞争态势。"如果在经济增长的同时,未来的人口数量维持稳定,"施瓦茨于1989年指出,"如果新兴的信息社会对具有创新精神、受过良好教育的管理者的需求不断增加,那么人才需求与供给之间的缺口便会迅速扩大,而且管理型人才将越来越抢手。"[13]

人才短缺程度的不断加深加剧了企业招募和留住人才的难度。通过对这一趋势和其他各趋势的分析,我们不难发现,任何人才政策的关键都在于如何提供更加具有弹性的职业发展路径。

趋势之二:家庭结构转变

用学者的话来说:"紧锣密鼓式的生活已经终结"。在过去三十多年里,不仅是职业发展路径,而且社会和家庭的核心结构已经在美国发生根本转变。[14]"如今,已经不再有所谓'正统'的人生轨迹,"社会学家菲莉丝·莫恩(Phyllis Moen)与心理学家帕特里夏·勒希林(Patricia Roechling)在合著的《职业奥秘——美国梦的裂痕》一书中指出,"美国人推迟结婚或者不结婚,推迟生育年龄,不要太多孩子(甚至不要),不断换工作,换学校,离婚结婚,离职就职。"[15]

家庭结构的多样化(见图2-4)要求工作模式作出相应的调整。总的来说,目前的体系仍是20世纪早、中期主流生活节奏的产物:那时,大多数劳动者生活在传统的丈夫外出谋生而妻子操持家务的双亲家庭里。

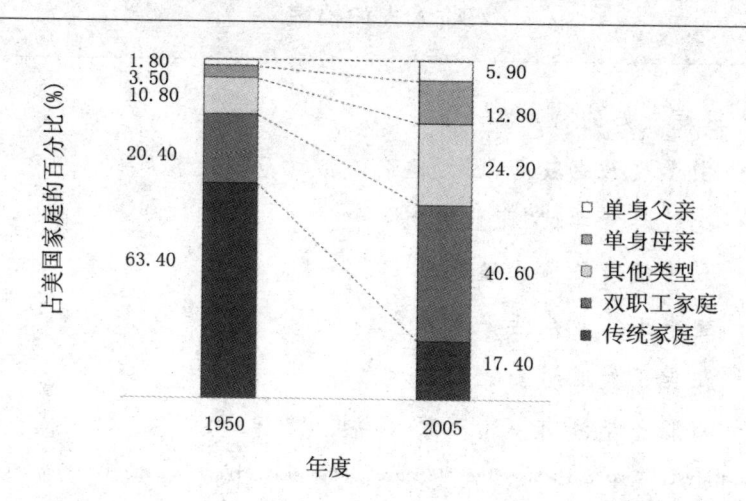

图 2-4　家庭结构的变化，1950—2005年

类别	1950	2005
单身父亲	1.80	5.90
单身母亲	3.50	12.80
其他类型	10.80	24.20
双职工家庭	20.40	40.60
传统家庭	63.40	17.40

资料来源：Catalyst, *Two Careers, One Marriage: Making It Work in the Workplace* (New York: Catalyst, 1998). With updated data for 2005 from U.S. Bureau of Labor Statistics, *Annual Social and Economic Supplement: Current Population Survey* (Washington, DC: GPO, 2005).

自20世纪70年代以来，美国的家庭结构发生了一系列显著的变化。这些变化有：(1)结婚率下降；(2)双收入家庭比例上升(见专栏"双收入夫妇档案")；(3)已婚夫妇推迟和减少生育；(4)单亲家庭数量增加。[16]这些变化说明，现在已经没有所谓"正统"家庭了，即便传统观念可以对之视而不见。

在美国，单身女性的数量已超过了居家女性的数量，这表明女性的"婚姻中心"观已发生根本转变。[17]1950—2005年间，单亲家庭的比例从略高于5%上升到接近18%。单身父亲或母亲由于缺少家庭的支撑，因而需要更加勤奋地工作，以肩负起家庭内外的双重责任。在1950年时，美国约有800万双收入家庭和2,500万丈夫主外型家庭。而到2005年时，这两个数字调了个个儿，分别变化为3,100万和1,300万。

双收入夫妇档案

双收入家庭夫妇的特点如下：
- 由于收入比较高，因而他们的活动范围比较广
- 比较愿意尝试"职业定制"
- 属于最有价值的雇员
- 追求工作—生活平衡
- 热爱工作胜于金钱回报
- 对职业生涯有持续而深入的思考[a]

a. Catalyst, *Two Careers, One Marriage: Making It Work in the Workplace* (New York: Catalyst, 1998).

　　双收入家庭占全部家庭的比例已超过40%，且女性的职位越高，她的家庭越有可能是双收入家庭。对12家跨国公司高级经理的调查发现：74%的女性高级经理的配偶全职工作，而75%的男性高级经理的配偶留守家中。[18]而这正是高职位女性比高职位男性感受到更大职场压力的原因：因为她们往往还须承担主要的家庭义务。

　　然而，即使并未进入职业高层的双收入夫妇，依然会由于工作和生活的错配而身心疲惫——双方长时间工作，但家务活却照常不减。[19]而对于已有子女的双收入夫妇来说，这一问题更加突出。根据家庭与工作研究所（Families and Work Institute）的一项针对此类家庭的为期二十多年的跟踪研究显示：孩子主要还是由为人之母者照料，但为人之父与孩子相处的时间已得到显著增加。研究数据显示，在如今的双收入家庭中，有31%的为人之父者抽出了工作时间照料或者陪伴孩子，而1977年的这个数字仅为12%。[20]这就难怪双收入家庭的夫妇更加希望获得自主安排如何工作和何时工作的自由了。卡塔利斯特（Catalyst）对双收入

第二章 非传统成为新潮流

夫妇的研究表明,他们渴望获得定制职业生涯的自由(见图2-5)。[21]

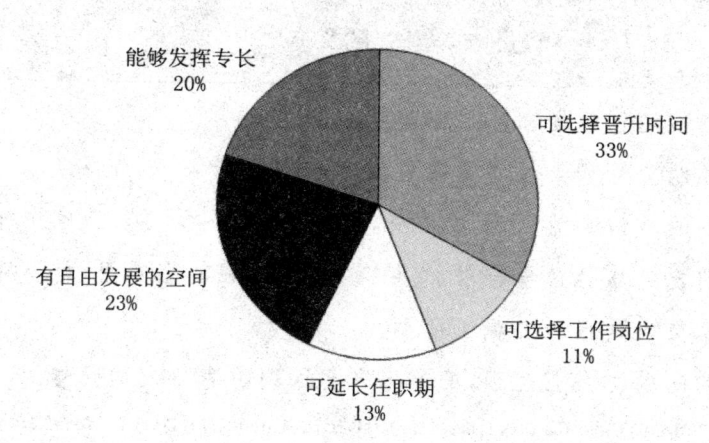

图 2-5 定制化职业生涯的主要特征

- 能够发挥专长 20%
- 可选择晋升时间 33%
- 有自由发展的空间 23%
- 可延长任职期 13%
- 可选择工作岗位 11%

资料来源:Catalyst, *Two Careers, One Marriage: Making It Work in the Workplace* (New York: Catalyst, 1998)。

家庭义务也在演化。雇员投入照料家中老人的时间越来越多(见专栏"雇员赡养老人的义务")。随着"婴儿潮"代人进入退休年龄,对于新一代人来说,赡养老人的问题越来越突出,责任也越来越大。与生儿育女的事可不一样,所有的人都会面临赡养老人的问题——无论他们是否成家,也无论是男是女。[22] 如今,能够全身心投入工作的人越来越少了,而背后的原因恰恰是他们缺少了一位生活中主内的"另一半"。

国家科学院的研究得出这样的结论:(科学工作者)在科学和工程领域确保常青不败的一个主要威胁是"过时的组织结构",这种组织结构错误地认为人们可以全时和随时工作。"如果缺少传统的来自于妻子对工作和家庭的支持,科学工作者的学术竞争力便会遭到极大削弱,"一份2006年的研究报告这样写道。[23] 这份报告还提及了"大规模职业定制"概念,认为应由它替代"公司阶梯",而这在学术界便是提供了多元发展路径的具有"公司网格"特征的"终身轨"职称评聘制度。

雇员赡养老人的义务

赡养老人的问题已经摆在雇员面前:
- 35%的男性和女性雇员需要赡养老人。[a]
- 92%的受访企业认为,在未来5到10年里,需要赡养家中老人或年长朋友的雇员数量会增加。[b]其中,在47%的企业里,需要赡养老人的雇员人数已经出现了增加。
- 60%的受访企业表示,雇员将来会遇到赡养老人的问题。[c]

  a. James T. Bond, Ellen Galinsky, Stacy S. Kim, Erin Brownfield, *2005 National Study of Employers: Highlight of Findings* (New York: Families and Work Institute, 2005), 3.
  b. Society for Human Resource Management, *SHRM 2003 Eldercare Survey* (Alexandria, VA: Society of Human Resource Management Research, 2003).
  c. 同上。

趋势之三:女性雇员增多

  职场女性的教育程度越来越高,因而,她们能更快和更加持久地效力于知识驱动型组织。无论是在过去的三十多年里,还是在可以预见的将来,女性都是人才队伍的重要组成部分。[24] 过去25年里,在我们这个国家,女性占大学毕业生总人数的50%以上,她们分布在各行各业,甚至在主要招募男性的行业。[25] 虽然,女性在数理方面的才能颇受争议,但事实是,2006年,女性所获学位中有16.1%是理工科学位,而男性的这一数字为15.7%。[26]

  如今,约有60%的大学毕业生是女性,而这促使凯尼恩学院(Kenyon College)的入学和助学主管在《纽约时报》评论专栏上发表文章对这一"人口现实"表达歉意:"因为男生较少,因而他们会比女生更受欢迎。"[27]在大学里,女生的表现也比男生更出色:取得更好的成绩,荣获更多的奖励,展现更强的领导才能,更积极地为社会和集体服务。[28]女大学生是教育阶梯上的生力军,如今,超过50%的硕士学位被女性获得。在专业学位方面,一半的法律专业学生是女性,接近一半的医科学生是女性,而超过40%以上的MBA也是女性(见图2-6)。

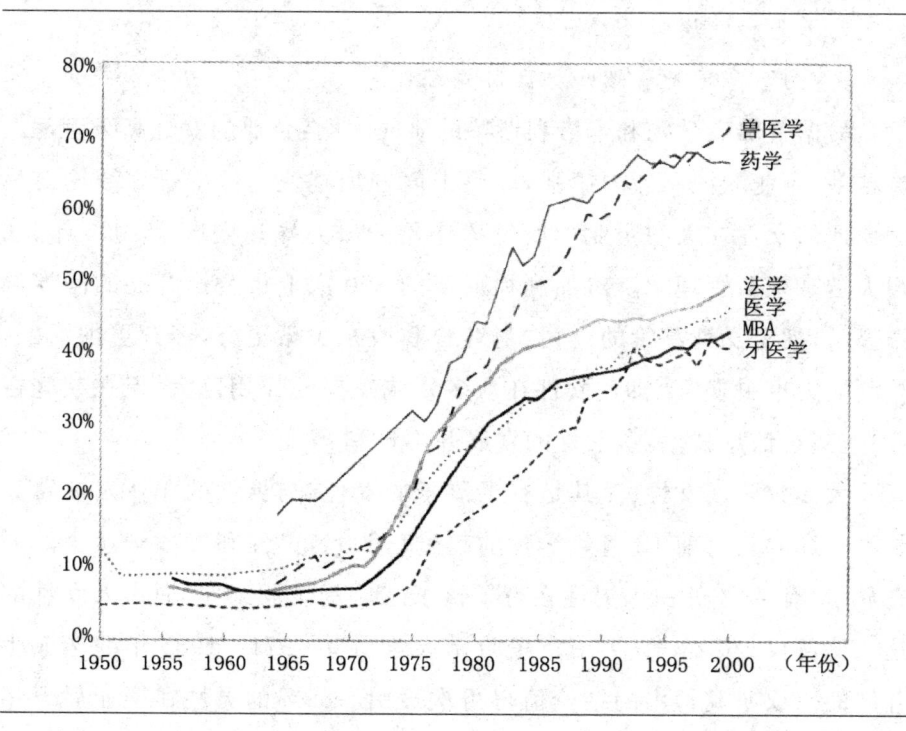

图 2-6 授予女性的专业学位数

女性不仅在学业上表现突出,而且在工作岗位上也举足轻重。女性占劳动人口的近乎一半,且正在以比男性更快的步伐进入各行各业。据

31

测算,2004—2014年之间,女性对劳动人口数量增加的贡献率是51%。[29]如今,她们已经在管理型和专业服务型职业中占据半壁江山。而在以下职业中,女性数量已经超过男性:

- 金融主管
- 会计师、审计师
- 预算分析师
- 信贷顾问
- 人力资源经理
- 教育行政人员
- 医药和健康服务经理
- 财产、房地产管理和社区协调经理[30]

另据哈佛商学院和卡塔利斯特的研究表明:企业的女性高级管理人员越多,企业的盈利能力越强,股票市值增加越快。这一研究结论与另一项评估女性在大型企业中所发挥作用的研究殊途同归。[31] 2006年,加州大学戴维斯管理学院对加利福尼亚的200家上市公司开展的问卷调查显示,拥有女性高管的公司"与客户和股东关系更好,经营更加活跃,盈利能力也更强"。[32]即使女性在众多领域发挥的作用巨大,但在某些行业,尤其在信息技术业,女性的发展并不顺利。[33]

大多数职场女性,尤其是有了孩子的女性,与男性的职业发展路径是不一样的。对前12名商学院的超过1,600名男性和女性毕业生的调查显示,有72%的白人男性在有了孩子之后仍全职工作,而白人女性的这一比例仅为22%。[34]第一章里哈佛大学对其1971—1981年的毕业生开展的一项研究得出的结论值得再次援引。89%的男性在毕业后五年或在更长时期里仍全职工作(主要的职业经验积累期),但女性的这一比例仅为56%——而对于有了一个或几个孩子的女性来说,仅有38%的人全职工作,剩下的62%兼职工作,或干脆专心家务了。[35]

对于很多女性而言，职业发展与生物钟并不协调。由于女性的职业发展受到生育的影响，因而理解女性自上世纪70年代以来在是否结婚、何时结婚以及何时要孩子等问题上的观念出现的巨大转变便很重要了。如今，很多女性推迟了结婚和生育年龄。结果是在孩子年龄在18岁以下的家庭中，81%的家庭里的为人父母者年龄在35—44岁之间。[36]

同时，自上世纪70年代以来，婚后仍工作的女性占已婚女性的比例增加了近一倍（见表2-1）。一方面推迟生育年龄，另一方面积极参加工作，从而导致很多女性面临两难困境：她们成家和生育孩子的时候正是她们在职业阶梯上晋级的节骨眼儿，而对于杰出的女性来说，可能正是走向领导岗位的关键时刻。

表2-1 女性、家庭和工作的相关变化

	1970	2000
30岁出头的未嫁女性比例*	6%	22%
中年始嫁女性比例**	21%	25%
30岁后生育的女性比例**	7%	22%
婚后仍就业的女性*	32%	62%

* Phyllis Moen and Patricia Roehling, *The Career Mystique: Cracks in the American Dream* (Lanham, MD: Rowman & Littlefield, 2005), 49.
** U. S. Census Bureau, "Maternity Leave and Employment Patterns of First-time Mothers, 1961—2000," *Current Population Reports* (Washington, DC: GPO, 2005).

《进出匝道：让杰出女性走向成功》，该项针对年龄段在28—55岁的超过2,400名女性和653名男性的调查研究显示，现行的职场结构并不适合女性，而只适合男性。[37]所有参与调查的对象均属于"高素质群体"——或有硕士学位，或有专业学位，或是优秀本科毕业生。在这些人当中,"足足有2/3的高素质女性的职业生涯断断续续,或充满曲折。"[38]

该项研究还发现,37%的女性和43%的已婚女性在职业生涯的某一时刻会主动离职,而男性(无论婚姻状态)只有23%的人会这样做。[39]至于离职理由,44%的女性提及了"家庭"原因(包括照料孩子和赡养老人),而只有12%的男性情况相同。在出于其他原因离职的男性中,有29%属于"跳槽",25%属于"深造或接受培训"。[40]

媒体将女性离职描述成充满愤恨的无奈退出(好像女性是在"用脚投票"),但事实并非如此。离开工作岗位的绝大多数女性希望重返工作岗位。根据《进出匪道》的调查结果,几乎有93%的离职女性想重续职业生涯。[41]

沃顿领导和变革管理研究中心(Wharton Center for Leadership and Change Management)的一项类似研究表明,87%的离职女性渴望重返工作岗位。[42]有趣的是,无论出于何种原因离开职场,她们离开的平均时间仅为2.2年。[43]一项来自耶鲁妇女研究中心的类似调查显示,仅有4.1%的女性计划有了孩子后不再工作,而有近3/4的女性表示,她们仅计划在孩子出生后暂休一年半载。

女性想在职场中进进出出,这不应被解读为女性缺乏进取心:即使无法直线到达,很多女性也努力以曲线方式步入企业领导岗位。[44]要知道,女性离职后,业务知识和人脉关系便难以得到维护,且想接续,可并非易事。在职场中已经取得成功的女性在这一问题上概莫能外,在她们再次求职的简历中,虽然有关学历和专长,以及管理非营利性组织和服务于政府的记录十分抢眼,但如同其他女性一样,她们并不知道如何重新打开工作局面,而正是因为这一点,她们对重新开始信心不足。无情的现实是,甚至曾经欣赏她们的经验和能力的老板,也很少愿意再次雇用她们。

在雇员重返工作岗位的问题上,很多企业尚缺乏健全的机制。就拿

第二章　非传统成为新潮流

花旗集团来说吧，2005年，花旗集团总裁及首席执行官查克·普林斯（Chuck Prince）提出将工作—生活灵活方案列为这家金融服务巨头的五大重点战略之一。对于重新求职者，集团各部门主要领导通常会相互推荐面试。然而，直到现在，花旗集团并未调整其雇佣体系以便更好地识别和任用重返职场的女性。"这太令人沮丧了，"花旗集团首席财务官，营销和银行业务的财务、运营与技术主管汉斯·莫里斯（Hans Morris）如是说，"对于重新求职的女性，她们并无特殊优势。她们并不会说，'对了，到七月了，我该准备应聘了'或是'我对下一轮经济发展形势有不错的判断，我已做好准备，可以采取一切行动了'。而当我们看到她们的简历时，我们会问：'这个人到底能干些什么？我们该把她放到哪个岗位上？'通常，会有六七个人与她竞争。最终，你会因为对她的能力心中无底而决定不雇用她。仅有百分之一的情形，你才会说：'好吧，我们决定试用你，看你的表现了。'事实上，一旦女性暂时离职，再想回来可不容易。"[45]

"以上的一切会将女性完全逐出职场——即便在短期——导致雇主和雇员双方蒙受损失。当然，花旗集团正在抓紧一切时机，尽快想出办法解决这一问题，"莫里斯补充道。

职业女性从未放弃寻求工作与生活相平衡的努力。年轻女性尤其明白：组建家庭后，她们的晋升步伐、工作负荷、工作地点/工作日程甚至工作职责都要求随人生的发展而做出调整。但令她们焦虑的是，无法确定哪些雇主会允许她们做出这样的调整。我们将这种现象称为"职业预期恐惧症"。28岁的埃米（Amy）毕业于哈佛大学，她告诉我们，正是由于这种恐惧症导致她拒绝了一份著名战略咨询公司的极具吸引力的全职工作。

埃米担心她的生物时钟在未来几年里将不能适应咨询公司紧张的工作节奏。"我不愿置身于这样的难题当中，"她说道。女同事们几乎都没有生儿育女，这让她感到有些恐惧。出于无奈，她选择进入了一家消费用品公司,并已工作了一个夏天。这家公司有好几位女性高级经理,这使埃米相信公司"会向认为不错且需要的雇员提供比较灵活的政策的"。她还告诉我们:"学校(商学院)里的女生对这样的机会津津乐道。这可是大事。"

毋庸置疑,在可预见的将来,女性是高素质雇员的重要来源。然而,职业生涯的设计与女性人生存在明显的错配,有孩子的女性对此感受最为深切。鉴于此,企业若想发展——并最大限度地发挥女性优秀雇员的潜能——必须想出办法让女性在生命的各个阶段都能发挥所长。

趋势之四:男性预期正在改变

当女性开始争取灵活工作机会时,男性对之并不感兴趣。男性往往将家庭与工作视为可以截然分开的两种责任,并以一种无法说清的非正式途径兼顾两者。而女性天生认为家庭和工作是相互依存的,因而女性成为正式的灵活工作方案的先行者便是理所当然的事。[46]然而,正如本章前文所述,与几十年前相比,如今男性用于照看子女的时间已大为增加,而有的男性甚至越来越重视保留和增加个人时间。[47]

《财富》杂志对五十多岁的平均每周工作58小时的男性高级经理的访谈显示,他们之中有64%的人表示会为获得更多个人时间而少挣钱,71%的人表示会为之放弃升迁机会。"我渴望这样的工作,在这样的工作中,我既可以实现我的职业理想,还可以有更多的时间享受家庭生活、参与社区活动、践行宗教信仰、与朋友交往和培养业余爱好",对于这一观点,受访男性中有近一半的人完全赞同,另外的三成表达了一定程度的赞同(见图2-7)。[48]

一项针对男性和女性高级经理(3/4的人仅仅比首席执行官低二级,甚至一级)的大型调查发现,在享受何种灵活工作待遇的问题上,男

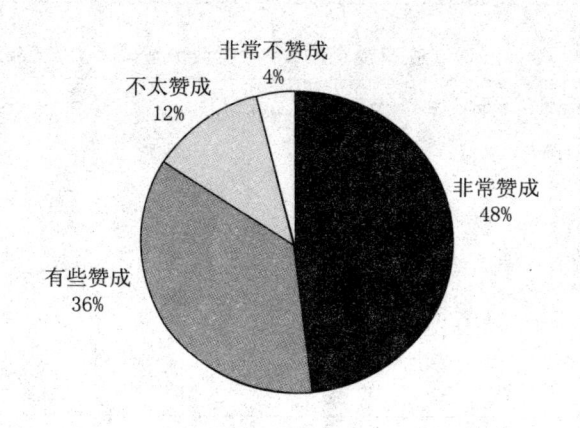

图 2-7　希望工作岗位能够提供更多个人时间的男性高级经理

- 非常赞成 48%
- 有些赞成 36%
- 不太赞成 12%
- 非常不赞成 4%

资料来源：Jody Miller,"Get a Life!" *Fortune*, November 28, 2005。

性和女性的期望惊人的相似，但不同点在于女性对之往往更加需要，并更愿意尝试(见表 2-2)。如今，男性和女性雇员越来越看重自由支配工作时间的权利。2006 年，经理人猎头咨询协会(Association of the Executive Search Consultants)开展的一项调查结果显示："超过一半的受访资深高级经理甚至会拒掉不利于自己自由支配时间的晋升机会。"[49]

而在对年轻一代男性雇员的调查中，以上心理状态表露得更为明显。正如在以下章节将进一步讨论的，他们更加重视工作以外的家庭和个人生活。男性的社会角色和年轻一代预期的转变表现为年轻一代的男性与他们的上辈们相比，更直接地参与到养育孩子等家庭义务当中。[50] 家庭和工作研究所的研究发现，X 代父亲比"婴儿潮"代父亲明显投入更多的时间照顾相同年龄段的孩子——前者每工作日投入 3.4 小时，而后者为 2.2 小时。[51]

事实上，根据卡塔利斯特的调查显示，男性对于工作—生活冲突

表2-2 灵活工作制的实施情况

女性	正在享受(%)	可能会申请(%)	曾经享受(%)
压缩每周的工作天数	3	28	7
不出家门在线工作	13	23	12
减少工作量	1	17	8
灵活上下班时间	44	9	8
休假	1	39	7
调整工作日程	20	14	4
调整工作地点	9	13	3

男性	正在享受(%)	可能会申请(%)	曾经享受(%)
压缩每周的工作天数	2	24	5
不出家门在线工作	12	15	14
减少工作量	1	14	1
灵活上下班时间	36	6	11
休假	1	32	2
调整工作日程	18	9	6
调整工作地点	9	11	5

资料来源:Catalyst, *Women and Men in U.S. Corporate Leadership: Same Workplace, Different Realities*(New York:Catalyst,2004)。

的感受一点儿也不弱于——甚至强于——女性。[52]"尚不清楚为什么男性会感受到如此巨大的工作—生活冲突,"家庭和工作机构主席埃伦·加林斯基(Ellen Galinsky)告诉我们,"或许是因为男性才刚刚步入这一多重任务的现实世界,而女性已对之习以为常,也可能因为男性在处理此类问题时存在较多掣肘。"[53]

男性正努力寻找工作与生活的平衡点。有12%的男性每年都会为了家庭而离职数月。[54]这意味着,大多数男性是愿意享受灵活工作待遇的。目前,全职工作的男性中,有13%的人情愿兼职工作。有近一半(49%)的男性梦想获得每年只需工作几个月的职位。[55]男性和女性都希望能在家中完成部分工作。[56]

男性对于灵活工作的渴求程度可能要比我们目前所了解到的强烈,这是因为灵活制可"穿着孕妇的外衣"。在一篇《毅伟商业周刊》(*Ivey Business Journal*)的文章中,克里·戴利(Kerry Daly)教授和琳达·霍金斯(Linda Hawkins)教授分析了在传统性别观念下,男性雇员无法争取灵活工作待遇的原因:"对于男性来说,存在于职场中的多种因素导致他们不好意思大谈灵活工作待遇:如果想回家,那一定是真的无法适应工作了——为什么同事不像你呢?将家庭置于工作之上的男性或是对企业不忠,或是想偷懒。受这些与性别预期相关的残余观念影响,男性不愿争取特殊工作待遇的现象便不足为奇了。"[57]

看看因为孩子出生而休假的男性数目吧,这会告诉我们以上观念是多么的根深蒂固。仅有5%—15%的男性会因为孩子出生的事而请假。[58]男性不休此类假期的原因是唯恐被同事嘲笑为缺乏敬业精神。[59]

由此看来,雇主在为女性设计为企业终生效力的新途径时,必须从一开始就虑及男性和新一代人(见下节)变化中的职业观和人生观。

趋势之五:X代和Y代人的新预期

与上代人相比,知识型企业雇员的主力军,X代和Y代的男男女女,对于工作的要求和预期表现出更强的一致性。这批奉行"家庭第一"的人们将享受有意义的家庭生活放在优先地位,而不那么愿意像"婴儿潮"一代那样,会为了事业而舍弃家庭。[60]卡塔利斯特对年龄在25—35

岁之间的专业人士进行的问卷调查发现,84%的受访者认为"家庭美满"重要,21%的受访者认为"大笔挣钱"重要。虽然,男性和女性对各调查选项赋予的重视程度不一,但重视程度的排序是一致的(见图2-8)。[61]

图2-8 对工作、人生和家庭的不同价值判断

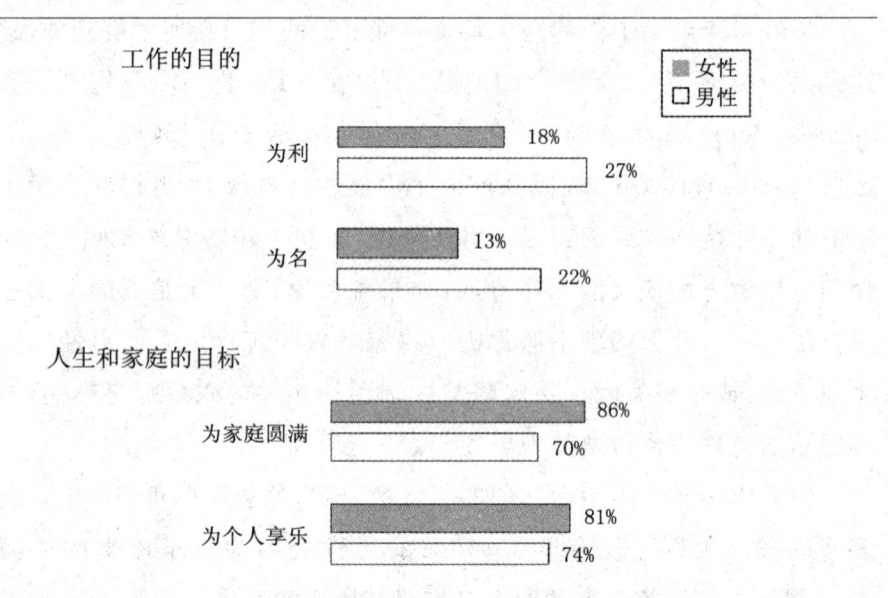

工作的目的

- 为利：女性 18%，男性 27%
- 为名：女性 13%，男性 22%

人生和家庭的目标

- 为家庭圆满：女性 86%，男性 70%
- 为个人享乐：女性 81%，男性 74%

资料来源：Catalyst, *The Next Generation：Today's Professionals, Tomorrow's Leaders* (New York：Catalyst,2001)。

同样,家庭与工作研究所的调查发现,"婴儿潮"代人以事业为中心(定义为"工作优先于家庭型")的可能性几乎是X代与Y代人的两倍：只有13%的X代与Y代人会以事业为中心(见表2-3)。他们中剩下的87%或以家庭为中心(定义为"家庭优先于工作型"),或是折中派(定义为"家庭与工作同等重要型")。[62]即使家中有未成年子女,"婴儿潮"代人恋家的可能性也远远不及X代人(大多数Y代人还没有进入生育年龄)。

表2-3 不同代人的工作倾向

	Y代人 (23岁以下) N=250	X代人 (23—37岁) N=855	"婴儿潮"代人 (38—57岁) N=404	年长代人 (58岁以上) N=276
以事业为中心(%)	13	13	22	12
折中派(%)	37	35	37	54
以家庭为中心(%)	50	52	41	34

资料来源：Families and Work Institute, *Generation & Gender in the Workplace* (New York: American Business Collaboration, 2004)。

X代与Y代人对生活和工作都抱有很高的期待。他们的父辈可能更加重视物质财富，而年轻的这一代则将工作的挑战性和趣味性置于工资回报之上。[63] "这一代的男男女女努力工作，但却不愿意走向领导岗位，因为觉得当领导会影响他们兼顾家庭，"家庭与工作研究所的加林斯基这样告诉我们。[64]

X代与Y代人还热衷于特立独行地追求人生目标。我们相信，这种"好高骛远"是大多数这两代人的共性。X代与Y代人已经对职场文化产生了深远影响。他们有好奇心，善于合作，但缺乏耐心，也过于挑剔。[65] X代和Y代人希望获得上司真诚指导和与公司上层开诚布公地进行沟通的渠道。[66]这些年轻人精通技术而又头脑灵活；他们总会想出一些时兴的工作方式和工作日程。[67]

这种全新的职业—人生观是否会陪伴X代与Y代人一辈子？对于这一问题，谁也拿不准。但可以肯定的是，产生这种观念的客观环境已经存在，且不太可能消失。对于在职业生涯中要获得什么和能够实现什么的问题，X代与Y代人态度乐观且雄心勃勃。他们认为，职业生涯是一条个性化路径：兴趣爱好得到满足，人生目标得到实现，还有丰富多彩的工作经历。[68]我们的研究发现，年轻一代人并未由此感到对企业缺乏效忠精神——相反，他们认为"效忠"是一个自己愿意奉献和发展，并由此获得这样的机会的互动过程。

话又说回来，德勤和未来发展研究所（the Institute for the Future）的一项研究发现："在14—21岁年龄段的人当中，宁愿在原公司内部调动，而非另谋高就的人是相反情况人数的两倍多。"[69]当然，如果年轻人在原有公司发展不顺利的话，他们随时会"走人"。事实上，在终身雇用和企业养老的概念已淡出历史的情况下，企业值得他们留恋的东西可不多。

趋势之六：科技的深远影响

如果说硅是信息时代的原油，那么宽带、笔记本电脑、移动电话、个人数码助理以及其他各式各样且不断翻新的数码产品则是当今"实时在线"时代的汽车、渡船和飞机。[70]随着日臻完善的软件将这些技术产品通过因特网及其他强大的网络一对一地或成群地连接起来，组织用于变革传统工作地点、工作时间和工作方式的手段不断增多。技术正在为雇员——和雇主——开辟创新型的虚拟工作方式。

虚拟办公的兴起离不开宽带的迅速普及。在2000年时，只有5%的美国家庭接入了宽带，而到2006年时，这一数字猛增至76%以上。[71]各种新出现的支持远程办公的数码技术有着与宽带一样的辉煌发展历程：电子邮件如影相随、短信漫天遍地（尤其对于年轻一代来说）、手提电话已是家常便饭（在美国，其用户数量从1984年的9.2万人，发展为现在的超过1.5亿人）。[72]而世界范围内的手提电话普及率甚至更高。

虚拟专网实现了家庭用户与企业资源的保密连接。单个企业或多

第二章 非传统成为新潮流

家企业通常借助这样的专网借助公共网络（如因特网）传输机密信息。还有，新近出现的小型客户终端（基于服务器的设备）的应用程序和数据储存于网络中，而非本地硬盘。有了这一发明，知识型雇员便可以通过附近的任何一个网络终端进入自己的电子桌面，而不用整天背着沉甸甸的笔记本电脑了。视频会议系统也在发展——但发展速度低于后"9·11"时代人们的预期。

总之，这些技术使我们大胆憧憬全新的工作流程成为可能。事实上，商界及其他领域的领袖获得了"不仅在技术层面上，而且在组织层面上发挥想象力的机遇"，麻省理工斯隆管理学院（MIT Sloan School of Management）的管理学教授托马斯·W.马隆（Thomas W. Malone）如是说。[73]如今，我们已经进入这样一个世界，在这里，公司的声讯代理、猎头经理以及整个IT部门以虚拟的方式进行工作的现象已不鲜见。工作人员只是在必要时才亲临公司的各个营业地点，而在剩下的时间里在家中或其他任何地方办公。看看捷蓝航空（JetBlue Airways）或1—800鲜花（1—800—Flowers）吧，它们的客服代表在家庭办公室或者在厨房里轻松地办公。

得益于技术支撑，高级专业人士在雇佣关系中获得了更大的主动权。奥美全球（Ogilvy & Mather Worldwide）是全球最大的广告公司之一，公司董事长兼总经理谢利·拉扎勒斯（Shelly Lazarus）这样回忆道，有一位住在距离得克萨斯州达拉斯市一小时车程的名叫戴维（David）的极富创造力的自由撰稿人，他在全职就业合同中提出了一条不容协商的要求："他说：'我会为公司工作，但前提是只在我的农场工作。'"拉扎勒斯知道戴维这个要求是当真的，"每天有26班飞机往返于达拉斯与纽约之间，如果你需要，我可以随时出现在你面前。"这个例子说明了什么？技术进步不仅给予了选择如何以及在何地工作的自由，而且还增加了高端人才的谈判筹码。"如果世上就这么一个戴维的话，那你只能满足他的要求。"拉扎勒斯说道。

以上例子也许比较极端（但是实情）：在技术进步的支撑下，还会出现更多的虚拟工作方式。重大的科技进步往往会被立即运用于对传统的革新之中。例如，最初的汽车看起来像厢式马车；最初的电视剧如同配上画面的广播剧；最初的网页看上去与书页没有什么区别；等等。总之，历史的风向标告诉我们，随着技术的进步，如何工作、何地工作和何时工作的新模式会不断出现，而这为人们打开通向全新办公场所的大门。

太阳微系统（Sun Microsystems）的核心业务是研发新科技加速办公创新和提高工作效率。市值达130亿美元的Sun公司的全球业务以创新为要务。我们来看看这家公司的房地产事业部、信息技术事业部和人力资源中心最近实施的一个合作项目吧。这几个部门合作建成了一套支持雇员远程交流、"访问"Sun公司大楼里的现场办公地点和组成虚拟团队的基础设施。[74]这套系统体现了公司先进的人才管理理念：降低运营成本、最大限度地发挥网络的作用、猎取国内外最优秀的人才、进军新兴市场和确保突发事件下业务的可持续性。

2006年，Sun公司的3,400名雇员有50%以上的人积极参与了这项名为"开放式工作（Open work™）"的项目。参与项目的雇员中，有的在公司非全时工作，而有的则根本不必在公司工作——如果他们可以在家办公的话。[75]项目实施下来，Sun公司在2001—2006年间，节约了超过3.87亿美元的开支。而除了开支上的巨大节约外，公司还获得了积极为雇员创造全新工作模式的殊荣：成为一家致力于促进工作—生活平衡的非营利机构设立的"工作—生活卓越奖"的三家获奖公司之一。"开放式工作"计划还有利于环境保护和Sun公司兑现生态承诺——减少雇员开车上下班的二氧化碳排放量。

Sun公司公布的一份关于"开放式工作"计划的报告指出："市场分

散化已成为当今的趋势,即便对小型企业来说,商业竞争舞台也是全球性的。最新的技术为新一代工作者自由选择何地生活和何地工作提供了前所未有的可能。而'知识型工作者'正期待获得这样的选择机会。"[76]

除了给予雇员何地和如何工作的选择权外,技术进步还使另一项职场变革成为可能。"技术正在改变雇员考评体系,"Sun公司的企业战略规划高级副总裁罗宾·德诺姆(Robyn Denholm)告诉我们,"工作时间已不再是考核雇员绩效的标准——取而代之的是雇员的工作业绩和对企业的贡献。"[77]

"这可事关增强企业的竞争力,"德诺姆接着说,"我们是以创新为核心战略的全球化技术公司。我们的员工是创新的源泉。创造开放式工作环境是我们提高雇员生活质量的一项全新举措——这同时也为我们节省了大量开支。"事实表明,"开放式工作"计划还有利于环境保护:每年减少约三万吨二氧化碳排放。[78]

以上历数的劳动者变化趋势,要求企业实质性地提供更加灵活的工作机会,而一系列新兴技术则为重新设计如何和在何地工作提供了前所未有的可能。信息技术为雇主和雇员创造了巨大的选择空间,而且历史还会证明,技术总能推动变革的加速。

上述六大趋势悄然而至。事实上,新时代已经到来——20世纪50年代的劳动力大军已转化为新一代更加多元化和处于不同人生阶段的职场人士。在未来的10—20年里,态度、信仰和期望迥然不同的三代人将肩并肩地在一起工作。

同时,在以上六大趋势的交汇作用下,企业的人事政策和体系面临改革的紧迫任务。经验丰富的知识型人才正越来越缺乏。传统家庭结构和价值观正让位于多元化的现代家庭结构和价值观。高技术女性劳动者的比例迅速上升,而在大多数知识型企业中,其绝对数很快便会超过男性。遵循"婴儿潮"代人所奉行的"工作第一、生活第二"观念的男性比例正在下降。还有，X代人和Y代人的新工作—生活观体现了他们对现实工作压力的反感，也体现了他们对获得丰富多彩的工作体验的渴望。

总之，新一代的主流劳动者已经变得更加多元化：不同的生活背景、不同的人生境遇、对未来不同的预期，还有不同的人生目标。不少高级管理者相信他们已经走在了改革的道路上：实行了灵活工时制、家庭办公制、暂退制及其他种种灵活工作措施。然而，正如我们将在下一章进行详细阐述的，虽然这些工作安排得到了很多受益雇员的叫好，但在增强企业与其最优秀和最重要的雇员之间的情义方面发挥的作用是有限的。简而言之，灵活工作制并不如预期的那么有效。

第三章 灵活工作制并非答案

平衡的艺术是我的追求。

——亨利·马蒂斯（Henri Matisse）

当面对生活和工作的问题时，我们中的大多数人会如同艺术家马蒂斯那样去思考。我们期望度过一种将工作与个人兴趣完美结合的人生，而越来越多的人正在努力追寻这一梦想。正式的灵活工作制是我们迈出的第一步。有了灵活工作制，雇员不必一整天都坐在办公室里了。然而，问题是，灵活工作制仅侧重于满足人们的短期需要，却忽视了人们的长期职业发展，结果往往导致享受灵活工作待遇的雇员在职场中被边缘化。

上世纪90年代以来，许多大公司尝试实行了灵活工作制，而有的已实行了25年以上。本书将正式的灵活工作制定义为允许雇员以不同于企业通行的规定与职业发展轨迹工作的政策和方案（见表3-1）。此外，企业还想出了其他很多非正式的灵活工作方案，如允许当足球队教练的雇员提前下班，允许看医生的雇员稍晚到岗，或出于其他各种原因，允许雇员调整工作日程和工作地点等。

表 3-1　灵活工作制的典型做法

灵活作息时间	在规定每周核心工作时间（没有灵活性）的基础上，给予雇员上、下班和用午餐时间的一定自由度
减少工作时间或允许兼职工作	允许雇员在全职工作和兼职工作之间进行调换，计薪方式也做相应调整
压缩工作周	允许雇员将每周的工作集中在几天内完成
远程工作	允许雇员在家完成部分工作
分担工作	将一项工作分配给几位雇员共同完成
工作时间银行	对工作时间进行每年或每半年的总量考核，从而便于雇员在此期间灵活安排工作时间
渐退制	在雇员退休前的一段时期降低工作负荷或减少工作时间
休假制	延长雇员的无薪假期

　　非正式的灵活工作制增强了工作环境的开放度和适应性，因而很多有料理家务之需的雇员尤其是女性雇员申请并享受了这一待遇。[1] 但无论非正式的，还是正式灵活工作制都存在共同的弱点：仅仅是权宜之计，并非解决如何协调工作模式与演化中的劳动者这一结构性难题的系统性方案。

　　很多商界领袖和管理者过于自信地认为，灵活工作方案足以让雇员更好地平衡职业—人生，并由此增强雇员对工作的满意度和降低企业的人才流失率。这一想法往往与现实相去甚远。本章针对这一问题展开探讨。

尽管劳动者渴求更加灵活的工作模式,但灵活工作制并非企业留住人才和促进企业与雇员建立长期良好关系的解决之道,这一点无可辩驳。一个压倒一切的原因是:灵活工作制仅仅是一种特殊安排,既未能与企业的人才管理体系充分结合,也没有考虑到更深层次上的雇员的职业发展问题。简而言之,灵活工作制缺乏对雇员职业发展的通盘考虑。

持续的职业发展路径

之所以说灵活工作制是权宜之计,因为它是"静态"的:雇主只是将雇员当作"坑里的萝卜",而非"发展中的人"。事实上,雇员对之也习以为常。其结果,雇员的人生不再是一条自然发展的路径,而被分割成必须适应工作需要的种种境遇。

上世纪80年代,女性大量进入职场,企业为了适应这一形势,采取了一些灵活工作措施,"工作—生活平衡"的提法渐渐被业界熟知。然而,在我们看来,"工作—生活平衡"是一种无奈的提法,因为它将工作与生活截然对立了起来。我们认为,工作与生活是相互交织的,因而必须将它们看作是统一的整体(见图3-1)(请注意我们使用"职业—人生融合"的提法强调两者的相互依存关系)。

只有当企业在制定人事政策和规章时,将工作岗位与雇员的职业生涯,以及更深层次的人的生命周期结合起来,企业里各个年龄段的雇员才能够在与其生命轨迹相协调的岗位上工作。这一认识涉及微观层次上如何开展工作和宏观层次上如何塑造职业生涯的问题。企业人事制度专家菲莉丝·莫恩(Phyllis Moen)与其合作伙伴斯蒂芬·斯威特(Stephen Sweet)在共同承担的一项具有开创意义的职业生态学研究中,进一步阐释了这一认识:通过1998—2002年间对超过4,600人进行

图 3-1 从"工作—生活平衡"到"工作成为生活的一部分"

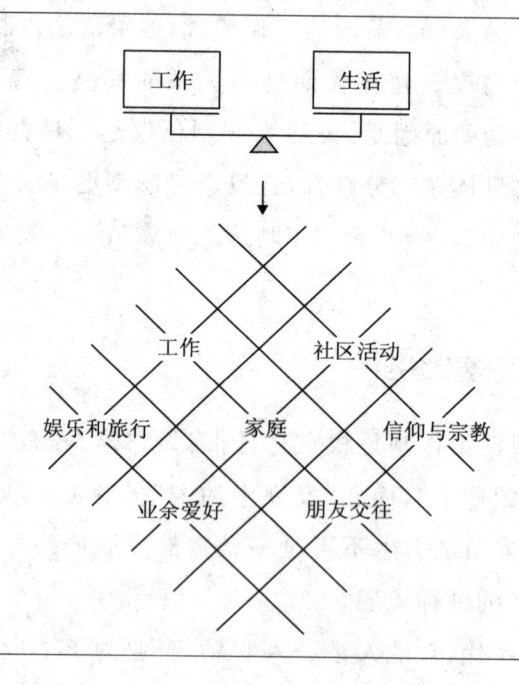

的跟踪调查,该研究向我们展现了一幅由于"荒诞地落伍于21世纪现实的美国政策和文化"导致芸芸众生在工作上疲于奔命的画面。[2]在后续的一篇文章中,莫恩和斯威特提出了现在被称为公司网格所依据的哲学思想:"以生命进程中的人生角色与人际关系不断演进、相互关联、应时而变的动态视角,而不是从个体在某个时点上面对的阻力或促进力的角度看待'工作与家庭'问题……这意味着将'工作与家庭'问题置于人生中更为复杂的'职业生涯'这一全新而更加广阔的分析框架中进行考量。"[3]

当然,"说"比"做"容易,而当我们手中仅有"灵活工作制"这一工具时更是如此。在制定和实施灵活工作制过程中,雇员与雇主往往被一些实际问题难倒。如何处理这些问题并没有现成的答案,结果往往将就了事,雇员与雇主都不满意。

结果不确定

灵活工作制并不能很好地适用于各类组织。例如,美国注册会计师协会的研究指出,灵活工作制无法留住追求工作—生活平衡的雇员。大多数会计师事务所积极实施灵活工作制已有多年,然而,雇员仍会由于两大原因而离职:(1)90%的女性雇员和80%的男性雇员不满意工作条件(工作日程、工作时间和工作职责);(2)86%的女性雇员和70%的男性雇员认为无法协调工作与生活。[4]

不少《财富》500强公司为了留住女性雇员,已经实行了灵活工作制,但女性雇员的离职率仍高于男性雇员。[5]而且,工作缺乏灵活性不再是女性雇员专有的离职原因,越来越多的男性雇员正加入她们的行列。2006年开展的一项针对不同行业大中型企业的调查显示,当新录用的雇员被问及决定加入企业的主要考虑因素时,男性雇员比女性雇员更加倾向于将工作—生活问题列为首要因素。[6]如果灵活工作制发挥了预期作用,那这一问题怎么仍是影响雇员去留意向的首要原因呢?

灵活工作制的申请使用率低是其未能满足雇员真实需要的另一重要迹象。虽然有96%的律师事务所设有灵活工作制,但通常只有4%的律师申请享受这一待遇。[7]难道其他96%的律师对灵活工作制真的一点兴趣都没有?答案是否定的。事实上,分别有超过1/4的女性律师和1/5的男性律师渴望减轻工作量。[8]还有超过一半以上的男性和女性律师希望至少尝试某种非正式的工作方式,但前提是这样做不会影响到他们的前程。但大多数律师并未申请享受灵活工作待遇,因为他们认为这样做意味着缺乏敬业精神——或是被列入了黑名单——前途不妙了。[9]

人们通常将灵活工作制与羞辱或"职业惩罚"联系起来。家庭与工作研究所这家著名的劳动政策咨询机构的一项研究显示,40%的职业父

大规模职业定制

母——灵活工作制的适用人群——认为一旦"灵活"工作,职业前途就算终结了。[10]

同样,绝大多数高级管理人员认为"灵活"工作不利于自身发展,因而从未享受。仅仅有15%的女性和20%的男性认为他们可以"灵活"工作,而不必担心自己的前途。另外,仅有24%的女性和33%的男性认为他们可以为了家庭与个人喜好而放弃晋升机会,并不用担心自己的未来发展。[11]很明显,在传统型商界领袖眼中,全时工作是在公司阶梯上攀爬的前提,任何与这一准则相背离的做法都是拿职业前途冒险。[12]

人们不禁要问,为什么灵活工作制用意良好,但实行效果不佳呢?答案是:灵活工作制未能处理好僵化的公司阶梯职业发展模式与雇员渴求根据人生不断演化的优先事务自主安排职业生涯之间的结构性矛盾。

事实上,对于在职业阶梯上奋力攀爬的传统人士来说,"灵活"工作是对现实的屈服。正是在这种观念的作用下,灵活工作制反而强化了传统的线性和连续的职业升迁模式。要知道,在严肃的事业型雇员眼中,灵活工作制是不切实际的东西:灵活工作制对职业升迁无益。

而享受灵活工作待遇的雇员通常被归为缺乏进取心的异类。菲莉丝·莫恩和帕特里夏·勒林(Patricia Roehling)在合著的《职场奥秘:美国梦的裂痕》中,阐述了相同的观点。她们指出:"只有当灵活工作时间和灵活职业发展不再是一种妥协,而成为一种合理合法的新时尚时,人们才会大胆享用"。[13]可见,如果灵活工作制仅停留于为了增强工作灵活性的"小打小闹",那么其发挥的作用只能极其有限。

男性对之不屑一顾

让我们换一个视角来认识灵活工作制并非演化中的劳动者手中的锦囊妙计。虽然女性比较会为了获得更灵活的工作机会而牺牲一些职

第三章　灵活工作制并非答案

业发展前途,但到目前为止,男性还未表现出同样的倾向性。当然,正如第二章所述,各年龄段的男性对传统职业阶梯模式下的工薪职业观正在转变。

2006年对大中型企业的调查结果显示,31%的男性雇员认为他们的烦恼主要源于无法处理好工作与生活的关系。[14] 如此看来,灵活工作制好像应是他们中间不少人的选择——缩短工作周、兼职工作、分摊工作任务等。然而,男性认为,灵活工作制仅适用于女性,因而坚决对之加以排斥——无论自己在同事和上司眼中有多么成功和多么不可或缺,一旦灵活工作,便进入职业生涯的下坡路。[15] "通常认为,灵活工作制仅适用于不愿全职工作,而想着将每周工作日缩短为三天的女性,"一位大型专业服务公司的高级经理如是说,"我敢说,我们当中享受灵活工作待遇的男性雇员一个也没有。"

拉斐尔(Rafael)是一位事业蒸蒸日上的资深经理,他的经历说明了灵活工作制不适合男性。你也许会认为拉斐尔是一位享受灵活工作待遇的合适人选。起初,他做了十年海军领航员,在此后的九年中,拉斐尔成为了一名成功的客户经理,并在职获得了MBA学位。由妻子单独承担照料家中三个孩子的职责,而自己全身心投入事业的他,面临的家庭义务突然增大了。青春期中的大儿子由于荷尔蒙失调而患上了行为失常症。作为父亲的拉斐尔感到应投入更多时间照料病中的孩子,因而举家从中西部地区搬到了西海岸靠近年迈父母的地方。

他与上司协商好的解决方案是将工作性质调整为内勤全职工作:设计服务项目,而不必四处奔波了。有意思的是,灵活工作制从未成为拉斐尔当时的可能选择。上司告诉他,"灵活"工作无异于将他打入"冷宫",况且拉斐尔本意是想全时工作的。这一例子告诉我什么?即使在很多新型企业里,高层管理者和资深雇员仍根深蒂固地认为,"灵活"工作是男性职业自杀的代名词。

大规模职业定制

直接明了地说,雇主认为"灵活"工作的雇员是靠不住的,而这在雇员为了家庭而"灵活"工作的情况下更是如此。正如国家科学院的研究报告《超越偏见和壁垒》中所指出的,一旦人们得知某位职业女性或男性家务活比较多时,往往便会对他们的工作能力和责任心产生怀疑。根据这份报告,"上班族母亲往往在工作性质、工作质量、个人能力和工作业绩上面临性别成见;比如,如果男性雇员在工作场所消失一段时间,那么人们往往认为他是在家闭门准备文字材料,而同样的事如果发生在女性雇员身上,人们往往认为她一定是回家照料孩子去了……同样,为人父者因为家务事而请假,往往难以得到人们的理解,反而会被认为工作不专心,招致不好的名声。"[16]

在越来越多的男性雇员,尤其是X代和Y代的男性雇员在公司阶梯的世界中寻找网格式职业生涯的形势下,可以想见,他们之中几乎没有人会认为灵活工作制调低晋升步伐、工作负荷或其他职业生涯的维度。在公司阶梯的世界里,你要么向上爬,要么掉下来(请注意,没有什么可以暂退几步的机会)。在这样的情况下,很多男性雇员是不会去申请享受什么灵活工作制的:他们会选择干脆退出,而这正是女性所经历着的。

事实上,这样的事正在发生。如今30岁左右的X代人"才不把什么向上的阶梯当回事呢",《纽约时报》的一篇文章这样写道。他们会随时辞职,花上几周或几个月时间追求他们所谓的职业——人生平衡,然后再回来找工作。[17]看看杰西·凯勒(Jesse Keller)吧,这位32岁的软件工程师于2006年离开了他已供职十年的公司,把全国58个国家公园玩了个遍。"现在都推迟退休年龄了,况且到那时,我也不知道是否还会有钱养老,不趁着现在有钱身体又好,游遍大好河山,将来一定会后悔!"他在接受《纽约时报》采访时如是表白。凯勒还说道,旅游回来后,他担心的不是能否重新找到工作,而是找到的那份工作是否还是像以前那样令人身心疲惫。"关键是如果能找到一份舒适的工作,那就不必动不动来个'人间消失'放松一下了。"他告诉我们。[18]

对于X代和Y代人来说,换工作如同家常便饭。家庭和工作研究所的研究表明,与当年同样年纪的"婴儿潮"代人相比,Y代人辞职的可能性高18%。[19] Y代人是一个更加难对付的群体,他们知道工作会给他们带来什么,也知道该为之付出多少代价,灵活工作制显然无法满足他们的胃口。

当然,灵活工作制还是适用于某些劳动者群体的。现今,女性雇员,尤其是迫于养家而工作的母亲是灵活工作制主要适用人群。她们中的很多人表示,如果没有灵活工作制,她们只能辞职不干了。[20]

虽然灵活工作制发挥着一定的作用,但只有极少数企业能够将其提升至留住优秀人才的企业战略高度。例如,2005年下半年,一家市值80亿美元的专业服务公司实行了三个月的灵活工作制,结果有50%的参与者表示他们觉得效果不错,而剩下50%的人则态度明确地表示灵活工作制不行。一半赞同、一半反对,足见企业推行灵活工作制的难度了。

直面灵活工作制:为什么明知不说

为了激发大家敞开讨论灵活工作制,我们列出灵活工作制的缺点与局限。

无法推广

即便是最精心设计的灵活工作制也是一种靠一对一的协商决定的特殊安排。[21]特殊安排往往存在两方面弊端:一是难以确保公平,二是无法推广。例如,花旗集团实行灵活工作制已有年头了,然而,"我认为这是一种特殊政策",花旗集团管理委员会委员及市场和银行部主管汉斯·莫里斯这样说道。他还告诉我们："我们正在努力加以系统应对,有一些领域已得到了制度化。然而,如果与规定详尽的年终奖励计划相比,灵活工作制仍处于雏形阶段。我们认识到,这正是我们要加以应对的。我们要为雇员设计一条柔性的职业发展路径。"[22]

标准不一（即便不该如此）

单从法律的角度来说,在灵活工作制面前,男女应该平等。但现实并非如此。管理者比较乐意与有生儿育女之忧的女性雇员讨论灵活工作待遇,并同意给予,但不会给由于妻子在外工作,而希望减轻工作量的男性雇员好脸色看。虽然不应在适用标准上搞性别歧视,但管理者习惯于对某些人严,对另一些人松。

骑虎难下

如果灵活工作制确实有用的话,那么往往仅针对普通雇员而言,而非经理和项目负责人。但经理和项目负责人不还是由普通雇员发展而来的？在企业上层实施灵活工作制是困难的,而有的企业干脆不这样做。就拿Gap公司来说吧,这家拥有15万名雇员和销售收入达160亿美元的零售商修改了灵活工作办法,明确要求高级经理全时工作。[23]虽然类似规定并不鲜见,但将之公布于众的事还是比较少有的。很多企业不会提拔享受灵活工作待遇的雇员。这便是大家熟知的"妈妈轨"——也就是职业末路——有雄心、有能力的雇员不会对灵活工作制感兴趣。

才非所用

对于希望享受灵活工作制的雇员,管理者必须想法将他们调整到一个至少看起来还比较合适的岗位上——如将研究人员调到行政岗位,或让营销人员进入事务岗。然而,仅仅为了让雇员"灵活"工作而"灵活"安排,而不考虑他们的能力、技能和专长,那往往导致才非所用。当出现这样的情况时,灵活工作制——而不是这种"赶鸭上架"的做法——往往成为招致管理者、同事和其他雇员批评的替罪羊。

进退维谷

为全时工作的雇员定薪容易,而为兼职工作、分摊工作或干脆在家工作(无论全时还是兼职)的雇员计薪可不容易。对于还享受公司提供的医疗和其他福利的雇员,这一问题更为突出。与全职工作的雇员相比,享受灵活工作待遇的雇员的单位时间用人成本会高得多,而这会导致企业运营成本和行政管理成本分配上的失调。在影响成本的同时,享受灵活工作制的雇员还会大量占用管理者的时间。正是由于这些有形的和无形的人员成本问题,管理者对灵活工作制心存反感,甚至坚决反对。作为问题的另一面,管理者花在灵活工作制上的时间和精力往往不被外人察觉。他们也不会因此得到任何奖赏。即使正是由于这些付出降低了雇员的离职率,并有效整合了企业内外的资源,但激励机制的不完善仍会导致管理者难以将良好的愿望转化为现实。

难以摆平

虽然灵活工作制与福利待遇不是一回事,然而,一旦某位能力很强的雇员享受到了灵活工作制,那么能力稍弱一些的雇员通常也会提出相同的要求——只有这样才"公平"嘛。考虑到了这一点,管理者若不是一概拒绝向所有雇员提供灵活工作机会,便是将灵活工作制作为一种例外,仅仅提供给贡献突出的雇员。然而,例外安排本身就是有问题的:一是导致其他雇员产生憎恨情绪,而这在例外安排缺乏透明度时更是如此;二是面对越来越多的灵活工作制申请者,管理者如何协调?顺便说一句,不少管理者可是反对灵活工作制的顽固派:他们的成长经历不是这样的。

不易考评

考评雇员的工作业绩须考虑很多柔性因素。即使可以参照全时工作人员设计灵活工作人员的业绩考评体系（并非都可行），但对于全时工作的雇员通常承担的监督、招聘、办公室事务和社区服务等额外职责，又该如何考评灵活工作的雇员呢？灵活工作的雇员到底应在这些方面做多少投入？如果雇员认为既然"灵活"工作了，就不必把时间花在这些事上，那又该怎么办呢？

既然谈到了时间：对于高科技知识型企业来说，雇主同意每周工作三天，但雇员却可能理解为每周工作24小时，这两者之间可存在巨大的差异。看看安娜（Anna）的例子吧。正如她的同事一样，安娜是一位每周工作五十多小时的企业经理。她申请获得了每周工作三天的待遇。对此，她理解为每周工作24小时（三个八小时工作日）。而她的雇主却有不同的理解：每周工作三天，但每天十小时——这已经比过去每周工作五天、周工作50小时的工作量降低了40%。在管理者手头还没有成熟的考评细则的情况下，为"柔性"指标打分谈何容易！在公司要求对雇员的工作业绩进行硬性打分的情况下，你会将一位牺牲大量个人时间全时并加班工作的雇员的分打得与一位兼职工作的雇员（无论对企业的贡献如何）一样高，甚至更低吗？这种情况恐怕不多见。

回避利弊

在灵活工作制下，雇主和雇员的预期往往不一致。原因是什么？因为人们往往回避对利弊的权衡。对于根据工作时间和工作量下调的幅度而相应减少薪酬的问题，雇主和雇员不会有太大分歧，但其他很多问题并非如此直接明了。例如，每周在家工作2—3天的雇员适合从事什

第三章　灵活工作制并非答案

么样的工作？享受灵活工作待遇的雇员将来晋升机会如何？这些问题通常得不到妥善的解决，甚至会被忽略不谈。究其原因，主要是由于灵活工作制通常是一项缓解雇员"工作危机"的补救措施：该雇员已经处于离职的边缘了，而在这样的时刻，雇员和管理者关注的是短期解决方案，双方很可能对灵活工作制都没有太多了解，因而也难有对职业生涯的全面和长远考虑。

谁收拾摊子

另外一个不利于灵活工作制实施的问题是，到底由谁为处于灵活工作状态下的雇员收拾摊子？每天都坐在公司办公室里全职工作的雇员往往感到自己总是被要求加班加点地工作。灵活工作制加剧了这一问题。阿诺德—波特律师事务所的前高级合伙人詹姆斯·J.桑德曼告诉我们："未成家者无法指摘有家室者以家庭为由拒绝加班。然而，以朋友来访为由拒绝加班可就站不住脚了。"[24]

感到空虚

对于很多专业人士来说，享受灵活工作待遇会导致产生空虚心理。试图既能在家中"下得了厨房"，又能在公司里"上得了厅堂"的雇员，最终会感觉到他们两方面的事都没有做好。既要顾家，又要工作，但又无法兼顾妥当，这往往会导致灵活工作的雇员陷入郁闷。他们的生活被各种相互冲突的日程、责任和期限搅得一团糟。这样人会不断地嘟囔着自己还有这事或那事，让人扫兴。你所在的工作团队决定在周三开会，而你却告诉大家说你周三休息，等着看大家向你吹胡子瞪眼吧。断断续续地工作，缺乏与同事的协同，即便是最有耐性和抱负的人，也会身心疲惫。

敬业精神遭质疑

怀疑和误解的又一来源：享受灵活工作待遇的雇员的敬业精神遭到质疑。相对全职工作的雇员而言，人们通常认为灵活工作的雇员缺乏对企业和职业生涯的奉献精神。正如前文所述，灵活工作的雇员往往要面对人们的藐视和遭遇职业惩罚。[25] 这会让他们陷入恶性循环：如果你享受灵活工作待遇，上司和同事便会认为你不如全职工作的雇员敬业——如果你在人们的心目中不够敬业，那么上司就不会重点培养你——而如果你感觉到公司对你不够重视，那你就会慢慢地懈怠，变得真的不够敬业。这种螺旋式的下降过程是雇员和雇主都不愿看到的。灵活工作的雇员往往会感到所在团队的同事和上司都在等着瞧他的"好看"，而不会欣赏自己的点滴努力。同时，为实施灵活工作制而投入大量时间和精力的管理者也会感到自己的付出得不到雇员的体谅，从而产生享受灵活工作待遇的雇员只关心自己如何工作舒适，而不考虑为企业多做贡献的想法。很多管理者确信，享受灵活工作的雇员几乎不可能重返传统的全职工作职业生涯。

从最好处来讲，以上开诚布公的讨论展现了管理者与雇员之间的复杂权衡过程——通常难以演化为双方长期的互惠互利关系。事实上，以上问题往往难以得到妥善处理，从而导致组织有限资源的浪费和雇员才华与激情的泯灭。而在最坏的情况下，"灵活工作制"一点用也没有。

希拉及同类人的例子

希拉·艾泽尔（Sheilah Eisel）向上司说明自己怀孕时，正在担任一家全球知名软件公司的高级销售代表。这问题好办。公司正指望着她呢，而她也同意产休后兼职工作，每周回公司工作三天。"我起初认为，

'这太棒了',头三个月一切运转良好,"希拉在哥伦比亚广播公司新闻台的《60分钟》节目里这样说道。[26]然而,希拉虽获得了每周工作三天的待遇,但工作负荷和工作职责并没有得到相应调整。双方期望的灵活工作制并没有真正得到实行。

不久,希拉发现自己实际上"每周不得不以缓慢的节奏"工作40个小时,甚至50或60个小时。更为不妙的是,公司的优质客户也主要由同事们打理了。"我怎么能将最好的客户交给你呢?"当希拉向上司抱怨时,仅仅得到这样的回答,"你每周只来公司三天。"

作为解决方案,她的工作量被调低到仅仅管理一家客户。希拉不得不承认,由于是兼职工作,而且还要陪伴孩子,因而管理多家客户是不现实的。"只要我能管理上一家优质客户,一切就OK,"她这样告诉我们。然而,没有人会考虑为兼职工作的她设计最合适的工作职责和工作负荷——或为她安排新的工作日程。希拉每周工作的时间通常超过50小时。正像处境相同的其他人一样,希拉最终辞职了。

其实,结果完全可以不是这样。随着发现人才和留住人才的重要性日益提升,认识到灵活工作制的结构性缺陷、非传统家庭结构的兴起及其与传统职场的内在冲突、年轻一代观念的变化、男性观念的转变和女性在职场中的地位不断提高等现象的企业,已经开始着手解决这一问题了。

在希拉陈述失败的灵活工作经历的《60分钟》节目里,哈佛大学商学院院长基姆·B.克拉克(Kim B. Clark)评论道,曾耗费多年时间培养优秀女性雇员的企业往往被这些女性的离职搞得焦头烂额。克拉克指出,企业家的问题是没能找到正确的应对思路。正确的应对思路是:"为了让优秀雇员为企业尽心尽力,企业自身应做出哪些改变?"对于这一观点,我们再同意不过了。男性和女性对公司阶梯的重视程度已不如以往,而就企业界误读了这一现象而言,这也是未找到正确应对思路的一

61

种表现。

可以肯定的是,由于灵活工作制未能触及个人职业生涯中诸多日常和长期的实际问题和现实需要,因而无法成为解决问题的答案。灵活工作制是与企业人才管理体系联系甚少甚至没有关联的孤立的和仅仅针对特定个人的权宜之计,而企业的人才管理体系涉及工作岗位和职责的设定、培训和发展、业绩评估、薪酬福利、人才储备计划等许多方面的内容。

灵活工作制之所以无法成为解决问题的答案,是因为它未能综合考虑雇员的长期职业发展路径——升迁步伐、发展机会、职场角色转换,等等。灵活工作制之所以无法成为解决问题的答案,是因为它无法提高雇员的工作满意度,并由此对企业更加忠诚。一句话,灵活工作制不是答案的原因是它根本对雇员无用——因而也对雇主无用(反之亦然)。

由阶梯到网格的结构性思维方式转变的时刻已经到来。在美国社会和劳动人口发生巨大变化的背景下,人们会很快发现,灵活工作制只是企业帮助人们应对工作和生活这一对矛盾的 20 世纪后期的过渡措施。灵活工作制不是企业应对人才短缺的良方,也不是愿意长期效力于企业的雇员的选择。

亨利·马蒂斯是 20 世纪伟大的艺术家之一。起初,作为一名年轻画家,他接受的是正统的绘画训练,之后他转向"更为自由和更加注重表现力"的艺术流派,并成为野兽派的代表人物。[27]我们相信,调整传统的工作模式以适应非传统劳动者的类似转变,已经成为企业界的实践。大规模职业定制指导管理者和雇员系统地动态地考量生活与工作这一对不断变化、相互强化的需求。在下一章里,我们将向读者讲述如何实现这一转变和这一转变已悄然而至的种种迹象。

第四章　大规模职业定制
——协调工作与劳动者的新思路

> 如果你将雇员置于世界一流的工作环境,他们便会以世界一流的工作业绩相回报。
>
> ——比尔·斯特里克兰(Bill Strickland)

建立网格组织的首要前提是具备全新的思维方式。正如第一章所提及的,为数学家称道的网格是一种在理论上可以在任意层次上无限复制的独特而完美的结构。在现实世界中,网格是拥有多元化的向上通道的生命成长平台,而这正是知识型雇员梦寐以求的适合平衡工作与生活的组织模式。

建立网格组织还需要坚实的现实土壤。我们已经在第二章里勾勒出这些无可辩驳的事实:技能型雇员的数量不断下降,知识型组织中女性雇员的比例在上升,家庭结构也在不断变化,还有,年轻一代人与"婴儿潮"代人相比,对"赢家通吃"型职场竞争规则似乎不以为然,而更加看重如何平衡工作与生活。这些社会因素决定着雇员差异化的职业发展步伐和模式,雇主必须对之加以认真对待。

当今,非传统劳动者表现出了以上复杂而多样化的新特征,从而对工作模式提出了严峻的挑战：要求21世纪的商界领袖借以成长的传统公司阶梯文化实现一次量子跳跃。

这也是人们需要借助全新的网格思维模式——及其支撑框架、实施方案和运作流程——以不同于"灵活工作制"这一零敲碎打的方式识别和促进人才发展的原因所在（图4-1说明了我们为什么要使用"大规模职业定制"这一名称）。

本章详细阐述大规模职业定制——其核心特征、原则和要素。在接下来的第五章到第六章，我们将讨论如何实施大规模职业定制。这三章提供了便于雇员在人生的不同阶段自主决定职业发展的标准化实施方案及注意要点。任务艰巨，我们当只争朝夕。

图4-1 大规模职业定制名称的含义

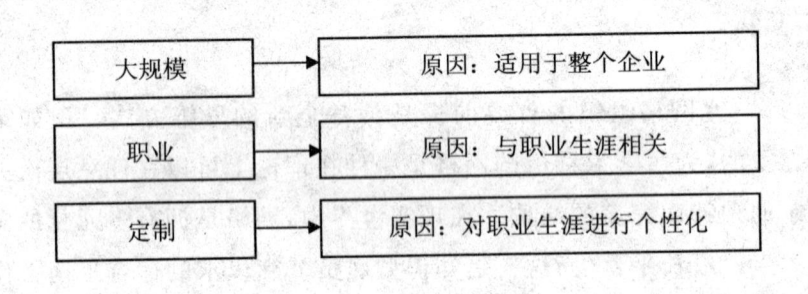

大规模	→	原因：适用于整个企业
职业	→	原因：与职业生涯相关
定制	→	原因：对职业生涯进行个性化

大规模职业定制将雇员视为合作者，企业与其共同定制职业生涯，体现了企业对雇员成长负责的原则。正如实施大规模商品定制能够增强顾客对企业的忠诚度，实施大规模职业定制能够增强雇员对企业的效忠心。

大规模定制现象随处可见

在日常生活中,商家根据消费者的不同偏好和需求对商品进行定制化生产,这一现象已不新鲜。例如,通过定制化的网页,你可以随时查询邮寄包裹的状态、跟踪所购买投资组合的价格变化、查阅某一新闻事件的跟踪报道,甚至在20万种不同颜色组合的M&M甜点中任意选购(详见专栏"My M&M's:大规模商品定制下的20万种选择")。

> **My M&M's:大规模商品定制下的20万种选择**
>
> 自2004年始,顾客们可以光顾My M&M's网店,任意组合淡蓝、桃红、碧绿等多达21种颜色的甜点材料,自制(理论上)至少有20万种甜点。这是大家再熟悉不过的大规模商品定制——比甜点最初出现的20年里的情况进步多了:那时,老福里斯特·马尔斯(Forrest Mars Sr.)告诉人们说,他们可以得到任何喜爱颜色的甜点——只要与配给二战前线美国士兵的深棕色甜点差不多即可。定制甜点成绩斐然:2005年以来,M&M通过在线定制方式销售的甜点数量每年都翻番,每天的订单量超过2,000笔。[a]
>
> 大规模商品定制随处可见。看看美国邮票这一再普通不过的东西吧——你可以添加上自己喜欢的图案。还有,你可以定制运动鞋——选择颜色、底面设计和尺码——或购买一台由自己配置的个人电脑。只要你在参与这样的购物体验,你便在推动大规模商品定制的潮流。大规模商品定制对消费者和生产者双方都有好处:给予了前者选择的自由,增强了后者的品牌影响力,从而提高了顾客的满意度和品牌忠诚度。

大规模职业定制

> 上世纪90年代，得益于低成本通信技术、因特网、电脑辅助设计和制造技术的迅猛发展，大规模商品定制的最早奉行者应运而生。一转眼，如今大规模商品定制已影响深远——以上技术已将消费者的偏好、市场反馈、产品和营销创新融入商品生产过程之中。
>
> a. Kristi Ledford, e-mail to Jenna Carl, November 7, 2006.

麻省理工学院的弗兰克·皮勒（Frank Piller）教授是大规模定制的倡导者，他于2004年完成的一份名为《大规模定制值得吗？》的研究报告阐明了大规模定制的三大好处：增加商品的增加值、降低供应链的运行成本和增强顾客的忠诚度。[1]

我们认为，大规模商品定制的好处完全适用于大规模职业定制。理由是如果消费者和生产者深信应以定制购买体验的方式将消费者融入商品设计之中的话，那么为何不将这一理念运用到雇主和雇员的关系之中呢？

在大规模职业定制下，千人一律的职业发展观让位于鼓励雇员与雇主以持续合作的方式设计和执行多元化职业发展路径的文化（当然，选择的边界是因企业而异的）。关键是大规模职业定制建立了有利于雇员与雇主进行合作的机制，并提供了一套变革过时的工作模式以适应新时代劳动者特点的可持续和可推广的解决方案。

大规模职业定制的核心内容

大规模职业定制思想产生的根源是，在21世纪的知识驱动型组织里，越来越多的雇员的职业生涯呈现起伏波动的态势。即使传统的公司阶梯组织实施了灵活工作措施，但也无法容纳各式各样的职业与人生的组合。定制化和起伏的职业轨迹需要作为一个整体的组织；管理者和雇员均认同选择职业生涯的文化——适应企业和雇员当前与将来变化着的需要。

"在大规模职业定制下，公司不再告诉你：请你奉献出人生中最好的或是工作能力最强的时光，"哈佛的迈拉·M.哈特教授如是说，相反，公司会这样告诉雇员，"我们与你签的是一份人生合约。我们很清楚，某些时期，你可以对公司多付出，而另一些时期，你可能无法对公司尽心尽力。但这没有关系，只要我们能好好沟通，并能想出一个能让大家都接受的解决方案即可，"她补充道，"这可是留住雇员的新尝试。"[2]

大规模职业定制提供了职业生涯四个维度上的有限选项，并将对这些选项管理常态化——而非特殊化。雇员在综合考虑人生不同境遇与企业发展需要的基础上，通过在这四个维度上的选择，定制自己的职业生涯，从而最大限度地适应自身的职业发展目标。所有选择均为雇员与管理者协商的结果，并应时更新。这些选择被记录在大规模职业定制档案上（如图4-2）所示。

图4-2是某一时点上一位销售经理典型的职业生涯示意图。之所以注明"典型"，是因为90%以上雇员的大规模职业定制档案与之类似。让我们来了解一下与这位销售经理目前情况对应的各个维度上的选择结果的意义吧。在晋升步伐维度上，选择结果处于中段，表明他的升迁步伐不快也不慢，权力和责任稳步上升。他全时工作，工作地点不受限制，这表明他随时可能出差（换句话说，他的工作负荷被调至最高，工作地点/工作日程被设为"无限制"）。在工作职责维度上，他处于中段，表明他是一位中层管理者。

借助大规模职业定制档案，我们可以清晰地了解这位销售经理人生某一阶段及未来变化着的职业生涯状况。这如同家庭娱乐系统的声音调节器，你可以沿着垂直滑槽（重音、中音和颤音等）上下调节滑钮，获得

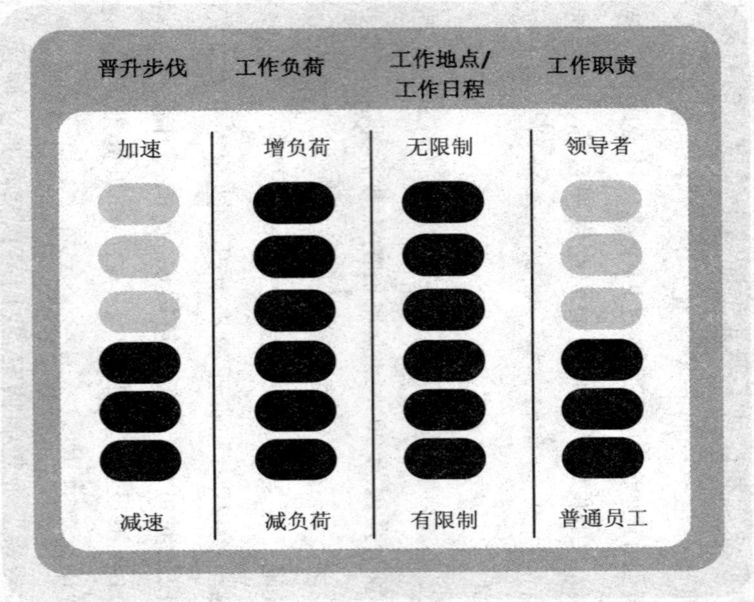

大规模职业定制的四个维度
晋升步伐 有关职业发展速度的选择
工作负荷 有关工作量的选择
工作地点/工作日程 有关何时何地工作的选择
工作职责 有关职位和职责的选择

晋升步伐	工作负荷	工作地点/工作日程	工作职责
加速	增负荷	无限制	领导者
减速	减负荷	有限制	普通员工

图 4-2 "典型"大规模职业定制档案

理想的音质。这些滑槽代表了声音的各个维度——决定了声音的饱和度。显示灯勾画出声音的高低（或强弱）。连续调节滑钮，便可获得理想音质。

正如调节滑钮选择音质一样，大规模职业定制给予了雇员根据人生不同境遇优化职业轨迹的自由。正如声音调节器，大规模职业定制的功能是通过调整职业选项，获得任意时期的最优配置。第一章的图1-3提到了这些选项是如何随时间而变化的。在蒂娜人生五个不同阶段的职业档案上，选项的调整体现了蒂娜的晋升步伐、工作负荷、工作地点/工作日程和工作职责的变动。综合起来看，在蒂娜的五个不同职业发展阶段，她的职业维度呈上下起伏态势。

在我们进一步考察这四个职业维度及其相互关系前，先让我们强调一下大规模职业定制作为一种职业管理过程的主要特点吧：

- 大规模职业定制是柔性的。大规模职业定制以一种极具适应性的方式取代了二元化线性的"非进即出"和"非上即下"的公司阶梯。正因为如此，大规模职业定制将适应与远见视为管理者和雇员的核心竞争力，并创造出一种以多元化职业发展轨迹为特征的透明化工作模式。在这种工作模式下，对如何开展工作进行讨论和评估，并根据雇员和企业不断变化的需要做出相应的调整，成为企业日常运营的有机一环。事实上，在日新月异的当今，如何对"变化"进行有效管理是很多著名企业努力的方向。[3]大规模职业定制的柔性体现在围绕多元职业发展轨迹的定期的透明化恳谈之中，并以此帮助企业更好地协调人才管理和经营目标。

- 大规模职业定制是多维度的。首先，它识别并承认四个核心职业生涯维度——晋升步伐、工作负荷、工作地点/工作日程和工作职责。这四个维度是相互依存的，必须加以通盘考虑。其二，大规模职业定制动态地考察职业生涯的发展，承认雇员的需要和优先事务是随人生的不同阶段而变化的。

作为职业生涯管理的新宠儿，大规模职业定制使管理者与雇员就后者的生活需要和人生优先事务发展趋势的讨论成为一件很自然的事。[4]这也使得管理者更加容易识别、理解并有效回应当今职场中不同代际雇员各色各样的有关职业发展和工作方式方面的需要。

- 大规模职业定制适用于所有人。大规模职业定制是将职业发展轨迹与网格组织有机结合的"新规则"。这也正是大规模职业定制区别于灵活工作制的关键所在。灵活工作制只是为有此类需要的雇员提供的特殊安排，是千人一律的全时工作制的例外。当然，企业可能会设置一定的大规模职业定制进入门槛，只有符合某些条件的雇员才有权享受。而随着时间的推移，这种资格认定办法会逐步融入雇员的业绩评估、薪酬确定和工作目标设定等已有的协商与对话之中。

- 大规模职业定制是透明化的。在大规模职业定制下，每位雇员都有一份设有晋升步伐、工作负荷、工作地点/工作日程和工作职责这四个维度的职业定制档案，而这体现了职业发展轨迹的透明化，便于团队成员和管理者积极思考未来的职业发展。同时，职业发展轨迹的透明化还可以有效避免雇员产生攀比和不平衡心理，最大限度地减少人际矛盾。

由此，大规模职业定制将"静态公平"概念（必须接受传统的全职工作制，灵活工作制仅仅是例外）转化为与职业定制档案相联系的"动态公平"概念。"大规模职业定制是对'公平'概念的全新诠释，"奥美全球的谢利·拉扎勒斯如是说，"公平是给予人们根据自身需要和生活状态进行工作的充分自由。当然，这种公平的概念与工作时间或工作地点等比起来，是比较抽象的。"[5]

大规模职业定制的以上核心特点克服了灵活工作制的低效和在第

三章里详细分析的根本性弊端:灵活工作制仅仅是一种例外安排和短视之举(图4-3对大规模职业定制与灵活工作制进行了对比)。

图 4-3 灵活工作制与大规模职业定制对比

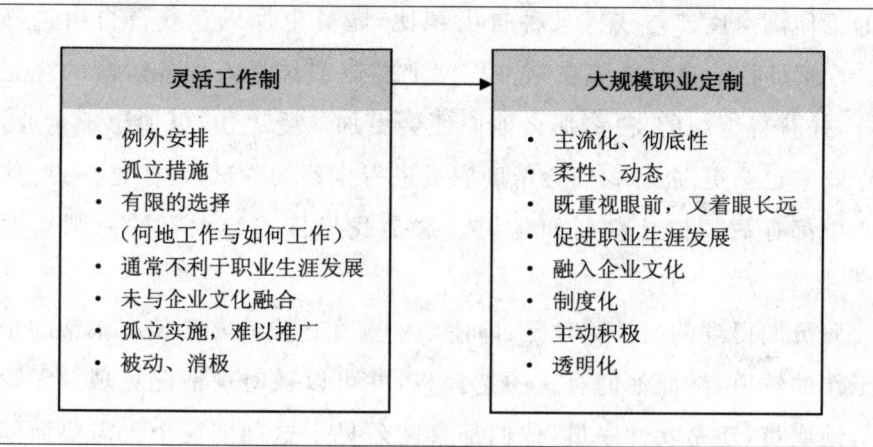

灵活工作制	大规模职业定制
• 例外安排 • 孤立措施 • 有限的选择 　(何地工作与如何工作) • 通常不利于职业生涯发展 • 未与企业文化融合 • 孤立实施,难以推广 • 被动、消极	• 主流化、彻底性 • 柔性、动态 • 既重视眼前,又着眼长远 • 促进职业生涯发展 • 融入企业文化 • 制度化 • 主动积极 • 透明化

大规模职业定制随雇员的职业发展不断做出调整,而不仅仅停留在雇员当前的工作状态。大规模职业定制还创造出一系列不同的职业发展轨迹,有利于消除公司阶梯模式下过时的观念与偏见:全时工作是在职业阶梯上晋级的必要条件。

在公司阶梯模式下,中断或停顿被视为例外——正如前文所述,会被管理者看作是雇员不敬业的表现。可以预言,以职业网格取代职业阶梯将削弱并最终消除在很多组织里盛行的视"天马行空"为不敬业的观念。

期权价值比期权本身更重要

那么,是否意味着在任何给定组织中,有多少人便有多少种不同的职业定制形式呢？恰恰相反，我们发现，在任一时点上，90%以上雇员的职业定制档案与图4-2的典型职业档案类似。

如果情况是这样，我们又何苦建立网格组织呢？部分原因在于这种组织的"期权价值"。研究表明，赋予雇员职业生涯的决定权能够提高他们的工作满意度。[6]与获得某种自由相比，雇员更加乐意获得自由选择权。[7]若雇员相信自己能够在某种程度上控制或选择人生各阶段的优先事务，并获得组织的支持，那么他们便会更加热爱工作，更加忠于企业，工作效率也会更高。[8]"我们会帮助雇员进行全新的尝试，对于这一点，他们心中都有数，"拉扎勒斯如是说，"这是我想传递给大家的一则重要信息。"

雇员们得到的精神奖励是：即使他们现在还没有必要偏离正常的全时工作的轨道，然而他们有这项选择权，并可以随时视情况兑现。无论是男性雇员，还是女性雇员，他们都喜闻乐见于这种能视个人需要而随时加速（或减速）的制度安排。鲁比（Ruby）曾经是在一家咨询公司工作的极具发展潜力的优秀经理。她的经历是由于未获得上述选择机会而离职的典型案例。"我真的十分喜欢我的工作和我效力的公司，然而，在我有了孩子时，我真的不知道该如何继续工作，"她说道，"我选择了离职，并最终进入了一个比较稳定的行业。"[9]

从雇员的角度来看，选择权是大规模职业定制带来一项持久而重要的好处。正如第二章所描述，选择权是左右埃米就业决策的重要因素。这位哈佛商学院的毕业生拒掉了来自著名咨询公司的就业机会，原因是她当时正在营建温馨的家庭，而这与著名咨询公司的快节奏工作格格不入。女性通常对未来考虑得比较多，很多女性20岁刚出头，便早早打算未来的工作和人生。如果她们在你的公司里看不到希望，她们便会另寻出路。而越来越多的男性也正这么做。

大规模职业定制还提供了某种文化价值。大规模职业定制要求雇主与雇员就合理调节职业生涯的各个维度进行认真的对话,并提供了清晰可视的选择边界。在这样的对话中,管理者和雇员平等地探讨有关增加、减轻或是维持现有工作量的各种选择及其利弊得失。双方还对这些选择进行事后评估,并将其纳入正常的职业规划和工作目标设定周期之中——有关职业生涯的决策正是在这些正式或非正式的对话中做出的。

透明化和共担职业规划责任是这样的结构性对话的产物,也是网格组织的内在的特征。雇主与雇员在规划和构建职业生涯过程中结成了更加紧密的伙伴关系,并使双方感到更加满意。雇员将对自己的选择更加自信,因为他们的选择建立在完全信息和知晓所有可选方案的基础之上。而管理者也可以最大限度地了解雇员到底能在多大程度上贡献于企业发展,从而更好地规划人力资源,避免由于雇员意外离职对企业正常发展造成的冲击——尤其是高潜能雇员,因为他们在企业内外都有很大的发展空间。事实上,通过让雇员参与制定自身职业规划的方式,大规模职业定制增强了雇员对企业的效忠心,有利于抵御外部诱惑。

大规模职业定制的四个维度

现在,我们可以详细考察职业生涯的四个维度了:晋升步伐、工作负荷、工作地点/工作日程和工作职责。我们从最一般的意义上定义这四个维度,大多数组织可以对号入座。当然,企业应根据自己的商业模式、组织结构、文化氛围和人才管理的侧重点等对这四个维度及其选项进行动态调整。这非常关键:并非所有企业的大规模职业定制体系都看似雷同——虽然它们具有从阶梯向网格演进的共同特点。

所有具备一定资质的雇员都建有大规模职业定制档案,其中的大多数呈现一种常态:全时、全职和无限制的职业生涯。虽然我们希望所有雇员的职业定制档案都能维持常态,但随着时间的推移,这些档案发生分化的可能性非常大。

在此还须事先强调一下,当读者逐一考虑大规模职业定制的各个维度时,请将它们联系起来思考;当你决定调高或调低某一维度时,其他三个维度可能也须做相应调整。

晋升步伐

晋升步伐作为第一个维度考量的是雇员的责任加大和权力提升的速度。这一过程主要表现为雇员从较低级别正式晋升为较高级别。通常,雇员晋级是受工作时间限制的。例如,在品牌管理业务中,助理品牌经理的任职时间通常是两年,此后是一到两年的品牌经理任职期,再后是两到三年的高级品牌经理任职期。

这一维度的两端分别是"加速"和"减速",中间设有若干刻度。不同的晋级速度体现着企业对雇员的不同工作能力、工作经历、任职时间和个性特征的评判。晋级速度并非决定于朝夕。这是因为确定晋级速度须以雇员的长期工作投入与工作业绩而非短期表现为参照依据。

一些大学对教师终身轨制度的修改,正是针对在终身轨期间无法全职工做的教师做出的调整。普林斯顿大学是为初为人父母的教师自动延长终身轨年限的几所著名高校之一。而在麻省理工学院,女教师一旦怀孕便可自动获得终身轨延期的待遇。同样,加州大学伯克利分校要求招聘人员无须计较应聘者曾由于家庭原因而造成的学术发展延误。[10]

同样,不少律师事务所也调整了获得合伙人资格的规定,以便于兼职工作律师以一种相对缓慢的步伐得到晋升。例如,文森—艾尔斯(Vinson & Elkins)律师事务所根据雇员兼职工作时间占全时工作时间的比例,相应延长了获得合伙人资格的最长年限。

工作负荷

工作负荷维度考量的是工作量,通常以每周、计薪周期或月度的工作时数或天数衡量。工作负荷维度的两端分别是增负荷和减负荷。这样的表述与现今很多组织使用的全职工作或兼职工作的提法相对应。工作负荷的大小可以用工作业绩来衡量。比如,如果一位非全时(全时工作的周工作时数为 50 小时)工作的雇员只想在工作上投入 80% 的精力,那么他的周工作时数即为 40 小时。或者,一位全时工作时需要完成 500 万美元销售业绩的销售经理若想将工作负荷降为 60%,那么他的销售业绩定额即为 300 万美元。

当然,必须指出的是,在计算工作负荷时,我们不能单单考虑直接可见的工作业绩,雇员花在招聘、指导和组织活动上的时间也应包括在内。

目前,企业界正在尝试基于项目的工作和模块化工作等一系列作法。多元化领袖商业机遇(The Business Opportunities for Leadership Diversity)计划是斯隆基金资助的帮助企业 CEO 借助工作模式创新,增强全球竞争力的一项研究。该研究旨在探索如何在团队合作的基础上重新设计工作模式。参与该研究的企业包括丘博集团(Chubb Group)、皮特尼鲍斯公司(Pitney Bowes Inc.)、强生公司(Johnson & Johnson)、百事可乐公司(PepsiCo)和普吉特海湾能源公司(Puget Sound Energy)等。各个公司里被挑选出的试点小组对工作日程和工作负荷进行了重新设计,使之既能适应企业的商业发展目标,又能满足小组里每个成员的个人需要。试点结果振奋人心:大幅提升了雇员的工作效率和工作热情。[11]

工作地点/工作日程

这个维度考量的是工作地点和工作日程问题。工作地点和工作日程在很大程度上决定了人们的日常工作体验。我们可以在这一维度的两端"有限制"与"无限制"之间进行选择，获得远程工作、压缩周工作日、错时工作（如从中午12点到晚8点，而不是从早上9点到晚上5点）等待遇。

见面文化——明示或暗示地要求雇员有规律地出现在办公室里——主宰了人们对工作地点/工作场所的传统看法。与技术进步为这一维度提供了更多选择机会同样重要的是，我们须转变传统观念，让雇员真正获得关于何地和何时工作的更多选择。

看看百思买公司（Best Buy）的结果导向型工作环境试点吧。参与试点的雇员可以"想何时何地工作，就何时何地工作，只要保质保量完成工作即可"。[12] 由雇员自行设计适合自身情况的工作计划，任意选择工作日和工作时段；他们可以在家、在办公室或是其他任何喜欢的地方工作。

试点之初的2002年，有300名雇员参加，而到2005年时，参与试点的人数猛增至3,500人。目前，该项试点仍在进行中。在对雇员不做统一工作日程和工作地点要求的情况下，公司的各个部门创造出了不同的沟通和协作体系，实现了自我管理。规模的扩大是这一工作模式深得人心和极具推广价值的最好说明。试点结果十分鼓舞人心：参与试点的部门工作效率大幅提升，雇员自愿离职的现象也不多见了。[13]

工作职责

工作职责维度应因企业的业务性质而异。工作职责涵盖雇员的职位、工作性质和工作责任等内容。对于大多数组织、行业和产业来说，工作职责可以是从承担特定工作任务，甚至是一项高级和复杂工作（如科学家从事科学研究）工作者，到带领员工开展工作、协调人际关系和考核工作业绩的一般管理和高层管理人士。

对于全球化企业来说，工作职责维度还要加上国际外派的内容。在咨询公司里,工作职责维度可划分为外勤客户导向型(通常占公司业务量的80%)和内勤员工导向型(如营销策划、财务、人力资源和信息技术)的一系列职位。为了方便说明,我们将这一维度的两端分别设定为"普通员工"和"领导者"。

美国捷运公司的"开放业务部门"试点是在工作职责维度上进行的探索。该试点给予雇员从外勤工作调整到企业内部策划工作的机会。[14] 这项试点搭建了人才供应(咨询人才)和人才需求(项目需要)之间的桥梁(表4-1对大规模职业定制各个维度进行了归纳)。

表4-1 大规模职业定制的维度

维度	描述	内容	维度的两端
晋升步伐	关于职业发展速度的选择	·任职期和晋级年限 ·职业升迁的合理路径	·加速与减速
工作负荷	关于工作量的选择	·工作任务的件数 ·工作任务的性质 ·其他——招聘、员工活动、社区服务等	·增负荷与减负荷
工作地点/工作日程	关于何时何地工作的选择	·能否出差 ·在办公室还是远程办公 ·每周(或者其他时间段)不能工作的时间	·无限制与有限制 ·在家还是在办公室
工作职责	有关职位和责任的选择	·职位 ·责任 ·工作安排 ·管理权限	·业务工作还是人事工作 ·普通员工与领导者

下面,我们来考察大规模职业定制四个维度之间的紧密关联。例

如，每周工作三天的职业定制方案不仅体现在工作地点/工作日程维度之上，还体现在工作负荷维度上（在并非仅压缩每周工作日的情况下）。而这反过来，又会影响到晋升步伐维度，原因是工作负荷的调整会影响到晋级所必备的工作经验和工作技能。再如，从事管理工作的人往往需要在特定的时间出现在特定的场合（影响到工作日程），而一般工作者却没有必要随时被上司、下级或同事见到。

为了进一步说明以上问题，请回顾第三章讲述的希拉·艾泽尔在《60分钟》节目里讲述的故事吧。当希拉的工作时间从每周五天减为三天后，她的老板并没有相应地减少她的工作负荷，但却拿走了她手中的重要客户，这事实上改变了她的工作职责。可见，在没有大规模职业定制人事管理框架的情况下，希拉与她的老板缺乏协调职业发展与人生境遇的有效工具，而这最终导致了前者的离职。表4-2归纳了这四个维度之间的相互关联。

并非孤立

四个维度及其相互间联动关系是大规模职业定制框架的核心，但这一框架并非静态不变，也非孤立。事实上，大规模职业定制是企业人才管理体系及其过程的一部分。大规模职业定制作为一种理念，可以并且应渗透于企业的人才管理过程之中，包括：

- 定岗定责
- 工作日程安排与人员配备
- 目标设定
- 职业规划
- 专业培训与发展
- 人才储备

第四章 大规模职业定制

表4-2 大规模职业定制四个维度之间的相互影响关联

引致作用	晋升步伐	工作负荷	工作地点/工作日程	工作职责
晋升步伐		若希望加速晋升步伐,便很难减少工作负荷	若希望加速晋升步伐,那么在工作地点和工作日程上就得少提条件	若想减缓晋升步伐,那代价往往是失去从事重要管理工作的机会
工作负荷	减少工作负荷导致减缓晋升步伐		减少工作负荷不一定需要在工作地点/工作日程上作出限制,如在家远程办公	减少工作量的结果可能是降级为普通员工
工作地点/工作日程	缩减工作日程往往导致晋升步伐的放缓,但在家远程办公对晋升步伐的影响不大	缩减工作日程往往意味着减轻工作负荷的相应减少		在工作地点/工作日程上提条件往往意味着无法从事要求出差和必须坐班的工作
工作职责	特定工作职责的选择决定着职业发展的步伐——甚至职业生涯的终点	特定工作职责的选择会扩大或缩小工作负荷余地	特定的工作职责决定着工作地点/工作日程的选择	

79

- 业绩考评
- 薪酬奖励

致力于增强组织的适应性和内部各要素的协同效应,是将大规模职业定制嵌入或以其他方式引入现有人才管理体系的两大原因。其他原因还有:

- 立即可推广
- 重视职业规划,使之成为有目标的协商而非偶然之举
- 便于跟踪研究大规模职业定制对人才管理工作发挥的作用
- 为管理者和雇员确定了选择的边界和共同目标
- 为管理者和雇员以及组织内的各个团队、部门提供了对话与非正式交流的平台
- 促进了各团队之间和雇主与雇员之间有关职业生涯决策的透明化

我们承认,在组织目标设定过程及相应的人才管理过程之中引入大规模职业定制是无法一蹴而就的。然而,根据我们的经验,在组织目标设定和绩效评估过程中引入大规模职业定制相当于确立了一种标准化信息传输协议,有利于对话更加有效和提高人才管理的效率(我们将在下一章向大家讲述推行大规模职业定制的一些最初尝试)。例如,运用大规模职业定制视角,可以更加有效地评估雇员的工作业绩,这是因为大规模职业定制的四个维度准确记录了雇员的工作状况和企业对这位雇员应做的贡献和个人发展的预期。

根据我们的观察,业界开展职业生涯规划的效果参差不齐。在制定职业规划过程中,缺乏规章制度和人才管理意识的现象十分普遍,而且无论在企业的部门内部还是在部门之间,人们也缺乏对各种可能情形及其利弊得失的远见卓识。例如,很多经理人认为年轻人实现晋级梦想的唯一途径是遵循前者的成长历程。大多数企业并未积极反思这一简单

第四章　大规模职业定制

想法。

还有,关于雇员职业梦想和个人生活需要的话题属于个人隐私。雇员常常会因为是否和如何在这一话题上进行表白,以及如何将话说到位而费尽心思。而管理者通常也无法确定自己到底能在这些问题上做多少承诺。我们的观点是,以大规模职业定制框架为对话平台,有利于雇员与管理者将问题谈透,而这在工作关系刚刚建立不久,或是人们之间的信任度还不高的情况下,作用更为明显。

而这正是在已有的体系中引入此类对话的重要性所在。如果你对管理者与雇员间的对话不再陌生,而且能够熟练运用大规模职业定制的思路和语汇,那么当你由于有了孩子或父母患病等个人原因而要求降低工作压力时,你与管理者便比较容易进入协商主题。相比之下,即便原有的协商机制能够起到应急的作用,但仍须颇费时日才能使沟通进入正轨。事实上,正如前文所述,大规模职业定制的重要优势在于提供了对话的结构,而过去正是由于这一导向和边界的缺失,往往造成人们的误解。

因此,为企业中具有一定资质的雇员建立从四个维度上体现他或她的工作现状的初始大规模职业定制档案,便成为一项重要的任务。正如前文所述,该档案将作为后续设定工作目标、评估工作业绩和制定职业规划的重要参考依据。"具备资质"的意思是,企业可以设置享受大规模职业定制的进入门槛。一个可行的办法是最低工作年限——比如一或两年——在这段时间内,雇员有充足的时间了解组织的基本情况和建立正式或非正式的工作关系等。而对于管理者来说,也可以在这段最低工作年限内全面了解雇员的人品和能力。

另外一个可行的进入门槛是工作业绩表现,如选取五档制工作业绩评分表(从"优异"到"不合格")中的"合格"一档作为最低进入标准。当然,企业也可将进入门槛设定在"优异"或其他档次。当然,以上所提及的入门标准并非相互排斥且只能单选,企业可以同时设定工作年限和工作业绩双重要求。

必须指出的是,设定进入门槛并非大规模职业定制的必要组成部分。事实上,人们对于这一做法的看法是不尽相同的。一种观点认为,获得享受大规模职业定制的资格是对雇员工作业绩的肯定和给予的奖励,而对于其他雇员来说则是一种激励(至少在实施之初具有这样的意味)。而相反的观点认为,不具备享受这一待遇的雇员会产生憎恨心理,从而会影响这一计划的顺利实施。

在这个问题上,我们的观点随实施大规模职业定制的经验积累而发生了变化。起初,考虑到上文提及的原因,我们认为应该设置最低工作年限门槛,甚至最低工作业绩门槛。而现在,我们认识到,应较为务实地处理这个问题:执行多重标准带来的负面效应会破坏良好初衷(谁有资格,谁又没有资格呢)。

当大规模职业定制得到全面施行时,组织中的每个人(或是达到某种标准的人——如果存在这种标准的话)便会有一份职业定制档案。正如前文所述,每一份职业定制档案从四个维度勾勒出它的主人当前的定制化职业发展轨迹。随着时间的推移,组织可以根据自身特有的结构、工作方式、工作要求对职业定制档案的维度和刻度进行调整。相应地,组织内的与大规模职业定制相关的体系和过程也会协同演进,从而使组织的人才管理体制的适应性和可塑性得到进一步增强——而这正是当今知识型劳动者所渴求的。

大规模职业定制档案的演进

为了展现大规模职业定制人事管理框架的可持续性和可操作性——适用于雇员和雇主双方——让我们来看看一位雇员近30年的职

业发展和人生优先事务的演化吧。当然，由于大规模职业定制是一个新事物，所以我们不可能现在就找出一个跨越30年的例子。我们实际上只是根据日常工作的所见所闻，杜撰出一位名叫加里（Gary）的典型雇员的例子。大规模职业定制档案的修订周期通常为一年，甚至更短，且当雇员的工作和生活发生临时变迁时，便会得到更加频繁的修订。在下面的例子里，我们主要关注人一生中通常具有的五个职业生涯发展阶段。请注意大规模职业定制的四个维度在每一阶段是如何变化的。

图4-4展示了人生五个阶段的职业定制档案上的刻度变化。很明显，在各个阶段，这些刻度的变化呈一种正弦起伏形态。加里持续变化的大规模职业定制档案体现了他的工作增减过程，而这也正是雇员与上司通过对话的方式，在工作与生活中寻找平衡点的过程。

加里，这位27岁的未婚MBA毕业生，受雇于一家全球经营的消费品公司，并进入了一项品牌管理和营销工作的快速升迁计划。该公司设在美国的总部管辖超过30个重点产品线，销售额超过120亿美元，产品行销全球75个国家，全球雇员达3.5万人，其中有2万人在北美地区工作。

加里的第一个职位是品牌经理助理。他每月大约有15天外出学习业务、参与营销活动、进行市场调研并从事产品研发。一年后，他被提升为品牌副经理，并已与在商学院结识的MBA同学完婚月余。在接下来的一年里，他被任命为一个著名品牌足球服装及相关用品的品牌经理，直接领导12位公司雇员，年销售额达5,000万美元。此时他的大规模职业定制档案显示，他正处于职业晋升的加速期，满负荷工作，工作地点/工作日程不受限制，职位是经理。

当加里的第一个孩子出生时，他31岁。在妻子休完三个月产假后，他请了三个月事假，而后重新回到了品牌经理岗位上。他还是全职工作，但将每月的出差天数减少为十天。三年后，他的第二个孩子出生了，

图 4-4 加里的大规模职业定制档案

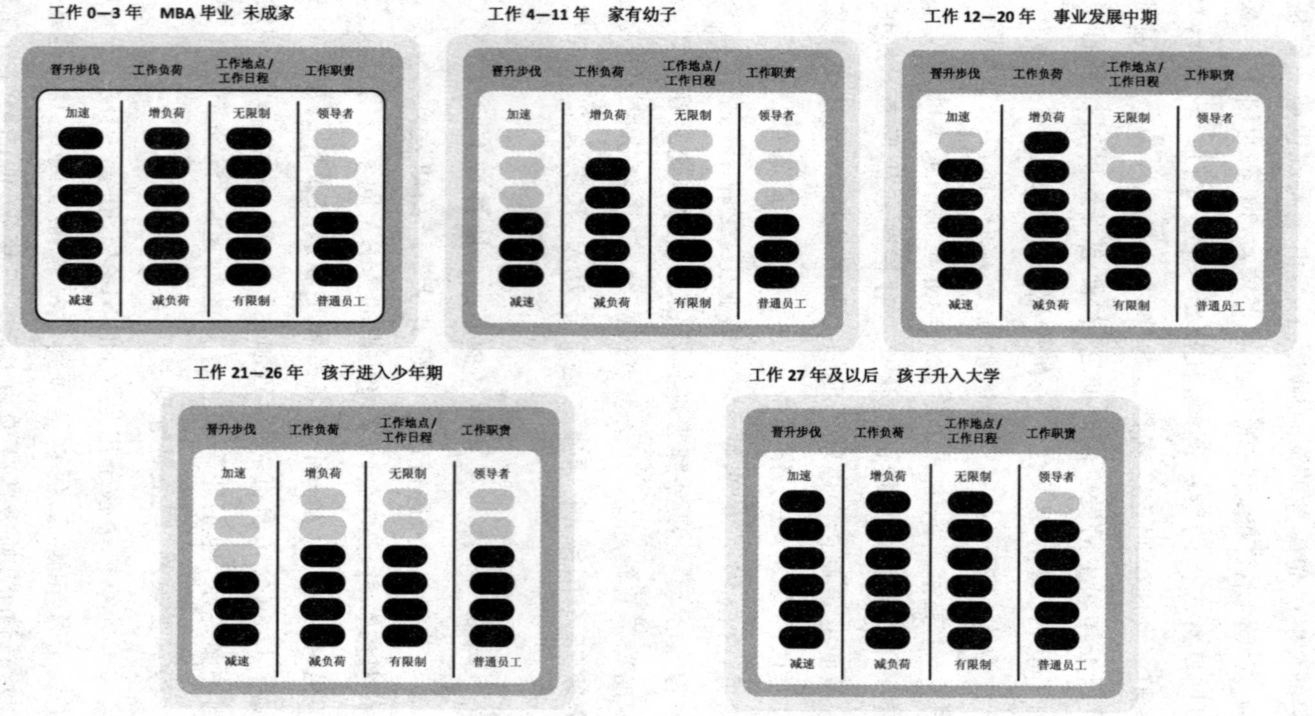

在妻子休完六个月产假后,他又请了三个月事假。休假结束后,他每周工作四天,负责几条产品线,并参与市场调研和公司战略规划。在这一为他量身打造"两用型"职位上,加里可以为家庭投入更多的时间和精力了。他将每月的出差天数减少为5—7天,主要跟踪本行业的最新发展趋势,提升自己的工作技能,在品牌经理岗位上精益求精,并督促同事们做好工作。这时,他已经37岁了,他的职业晋升步伐已经放缓。不过,他与上司已达成协议,当孩子进入幼儿园后,他将进入高级经理晋升轨。他此时的职业定制档案调整为晋升速度处于中等,工作负荷稍减,工作地点/工作日程受限制,并处于普通员工与企业领导过渡的阶段。

两年后,在加里39岁那年,他被晋升到了公司副总裁的职位上,掌管三条产品线;他的职业发展又加速了,每周工作五天,周工作时为50小时,每月平均出差十天。他的晋升速度再次加速,四年后,他被晋升为集团副总裁,掌管六条产品线,年销售额超过5亿美元。此时,他的职业定制档案显示他处于加速晋级期,满负荷工作,工作地点/工作日程稍受限制,工作职责是高层领导。当加里47岁时,他的孩子已分别是16岁和13岁。加里决定降低工作负荷,减少出差,从而腾出更多的时间与处于少年期的孩子们相处。他将掌管的品牌减少为四个,年销售额降为3.5亿美元,并主要管理企业内部事务。此时,他的职业定制档案显示他的晋级速度中等,工作负荷稍减,工作地点/工作日程稍受限制,工作职责回调到普通员工与企业领导的过渡阶段。

在此后的五年中,他的两个孩子升入了大学,而他的工作热情和雄心又再度燃起。他又加足马力了:掌管八条产品线,每周全时工作,随时可以出差,接受任何工作日程安排。55岁那年,他又再次得到晋升,成为集团的资深副总裁,负责的年销售额达十亿美元。大规模职业定制档案上的晋升步伐、工作负荷、工作地点/日程和工作职责刻度都大幅上调了。

大规模职业定制的好处

当雇主与雇员借助大规模职业定制贡献于企业时,双方都能从中获得巨大好处。起码,大规模职业定制使得雇员管理自身的职业生涯和雇主更加有效地管理雇员成为可能。而从较高的层次上来说,大规模职业定制的顺利实施能够改善公司与雇员的关系,而这给双方带来的好处是更加深远的,关于这一点,我们将在下一章详加阐述。

大规模职业定制的魅力在于构建了雇主与雇员进行持续有效沟通的桥梁,便于双方在探讨一系列可能性时有章可循,而借此,企业必将成为人才的聚集地。

对于雇主来说,大规模职业定制是吸引和留住优秀雇员和提高工作效率的有效工具——而仅凭这一点,大规模职业定制就值得大力倡导。而随着时间的推移,大规模职业定制还能在改善雇主与雇员间的关系和帮助企业精确预测人力资源发展趋势方面发挥重要的作用。更深入地了解雇员的优势和弱点、需求和愿望以及人生规划是雇主更好地经营和管理企业的前提。大规模职业定制能够帮助雇主更好地预测人才需求、降低经营成本和完善人才储备,并最大限度地把握企业成长的机遇。而且,大规模职业定制还能够增强雇员的工作满意度和对企业的效忠心——而这在劳动力市场竞争越来越激烈的情况下更为来之不易。

正如我们在这一章里指出的,企业界已认识到为消费者定制商品是成功经营的法宝。这一有效的市场营销策略——大规模商品定制——利用全新的通信和制造技术增强了企业的盈利能力,提升了消费者的满意度和忠诚度,并为品牌带来良好的口碑。为什么不将这一基本概念运用到人事管理之中呢?

大规模职业定制提供了一种有利于增强雇员的参与感、满意度、效忠心和经久不衰的工作热情的思路、原则和实施方案。大规模职业定制造就了一种全新的关系,在这种关系中,雇员可以在职业生涯的任何阶段(无论当前,还是将来)将职业理想与人生境遇很好地协调起来。对于雇主来说,大规模职业定制创造了吸引、留住和培育高端人才的竞争优势,从而有利于企业实现长远发展目标。

大规模职业定制鼓励管理者与雇员将相互适应和远见卓识视为核心竞争力,并创造出一种具有多元化职业发展选择机会的透明化工作模式,以此帮助企业应对在竞争激烈的人才市场中吸引和留住能力强、潜力大的人才的难题。大规模职业定制是企业从传统的公司阶梯思维模式向更加务实和更加具有适应性的公司网格思维模式转化的桥梁。

在知晓大规模职业定制基本特征的基础之上,接下来让我们看看现实世界里的大规模职业定制案例吧。在下一章里,首先是三家在无意中实施大规模职业定制的公司的案例,而后,你将看到我们公司试点大规模职业定制的情况。在倒数第二章里,我们将邀请你对这些案例进行深入的探讨,并学会如何在自己的企业实施大规模职业定制。

第五章 网格组织之旅

> 看来,全新的工作方式离我们仅一步之遥。
> ——托马斯·W.马隆(Thomas W. Malone)

有的企业已经以这样或那样的方式践行大规模职业定制思想了。这些企业的文化体现着大规模职业定制的原则和体系,它们的行动彰显着大规模职业定制的悄然兴起。

践行类似大规模职业定制的原则和体系,首先需要企业上层领导的坚决支持,而后需要企业拥有长期雇用和培养员工的文化氛围。这些企业认识到,若想促进雇员长期的职业发展,必须为他们动态地提供与其技能和人生境遇相适应的工作,而这完全不同于仅仅采取一些权宜之计以避免和推迟优秀雇员走向离职。

在这一章里,我们首先将看到三家公司的例子——赛仕软件公司(SAS)、阿诺德—波特律师事务所、奥美广告公司,这些企业已将上述原则付诸实践,而且这些公司的现任领导为了谋求企业的长盛不衰,正在推进企业网格文化的建设。而后,我们将介绍德勤推行大规模职业定制取得的初步成果。[1]

大规模职业定制

赛仕：留住智力资本

赛仕是全球最大的软件公司。进入 2006 年,即公司成立的第三十个年头,公司拥有员工约一万名,营业收入再次创下两位数的增长纪录,达到约 19 亿美元。赛仕还以工作—生活融合计划和家庭福利计划的大胆创新而著称业界。

业务的持续成长和开明的人事政策是构建网格组织的两个有利条件,但并非必要条件。在业务不断成长且人事政策开明的组织里,新的职位、新的职业发展机遇和新的调整工作量的机会不断出现。很多处于该状态中的企业(包括赛仕)通常会挑选熟悉公司业务和公司处事方式的老员工进入这些新岗位。

赛仕是一家经营良好的企业。位于北卡罗来纳州卡瑞市的这家公司在商务智能软件行业出类拔萃:主打产品是数据挖掘软件与分析软件(赛仕,即 SAS 是英文的统计分析软件一词的首字母缩写,该类软件产品是赛仕长期以来的核心业务)。赛仕的一家客户——赌场运营商海瑞斯(Harrah's)娱乐公司——使用赛仕软件分析海量数据,例如识别最有价值的顾客和可能被竞争对手吸引走的顾客,等等。[2] 事实上,你所在的组织可能也正在使用赛仕的产品。

赛仕享有理想雇主的美誉。对于每一个挂在公司主页上的招聘职位,赛仕都能收到近 200 份求职申请。但赛仕主要雇用经验丰富的人才——他们通常处于四十或五十多岁年龄段,经历过高科技产业兴衰,因而特别钟情于赛仕稳定的就业环境。业务不断增长、职业发展机会诱人、重视留住人才,在这些因素的综合作用下,赛仕人才济济。据斯坦福大学商学院组织行为学教授杰弗里·普费弗(Jeffrey Pfeffer)测算,在留住人才方面的一贯突出表现,为赛仕节约的开支每年达 6,000 万—

8,000万美元。[3]赛仕的人员更替率很低,平均每年仅为3%,而软件企业每年的人员更替率通常在20%左右。在留住客户方面,赛仕也做得极为出色,98%的客户与赛仕常年保持业务联系。

赛仕认为,持续雇用员工是有价值的"卖点",而在与竞争对手争夺客户时,这一点显得尤为重要。"时间和经验告诉我们,雇员的忠诚意味着客户的忠诚、更多的创新和更高的产品质量。"公司创始人和首席执行官詹姆斯·古德奈特(James Goodnight)如是说。[4]

凯奇·塞尔温(Kecia Serwin)是赛仕的一位雇员,她的经历告诉我们,古德奈特所说的并非陈词滥调。[5]凯奇是一位充满活力的销售经理,她1990年加入赛仕后迅速得到提拔。到2002年年底时,37岁的她被任命为公司新启动的保健与生命科学事业部的美国地区销售总经理。在接下来的四年里,她在全国各区域建起一支八十多人的销售团队,将公司销售额从一个较低水平提升至1.1亿多美元。2006年,公司的销售收入增长了14%,而在此前的三年里,这一数字大约为8%—10%。这可是极具能力和极具潜力的商业领袖的经典表现。凯奇非常努力地工作,每周工作70个小时,每月通常有8—10个晚上为业务奔波,放弃了数次休假的机会,也从来不请病假。2005年4月,当凯奇和她的丈夫(一位销售工程师)庆祝他们的第一个孩子出生的时候,她仅请了十周的假,其中六周为产假,其余四周为度假。

而当凯奇回到公司上班时,她遭遇到一场突如其来的严重家庭危机。2006年年初,也就是她休完产假后的六个月,她的继父和生父都被检查出患有晚期癌症。她的继父死于同年三月。在那段时间,面对父亲病情不断恶化的现实,还在适应第一次做母亲的凯奇决定无期限地完全脱离正在高速发展的事业。"必须放弃一些东西,"她回忆道,"因为我实在分身乏术。"凯奇告诉我们,作为她无限期脱离工作前的一系列安排之一,她任命了库尔特·卡利比(Kurt Kaliebe)接替自己负责销售团队的战略规划工作。

四月份,正当凯奇准备离开赛仕时,她的顶头上司出乎意料地辞职了,高级管理人员的工作汇报渠道也因此发生调整:凯奇突然发现自己需要向公司总裁古德奈特直接汇报工作了。她得与古德奈特重新协商她的无限期休假事宜吗?如果得不到他的同意,她是否得考虑辞职呢?经过这两位公司不同级别管理人员的协商,凯奇担心的问题迅速有效地得到了解决。凯奇回忆说,古德奈特曾这样告诉她:"你先做你现在必须得做的事,做完后再回来。"五个月后,凯奇的父亲去世了,凯奇与古德奈特重新见面。"我准备好回来了,我想全身心地投入到赛仕,"凯奇向古德奈特表白道,"不知公司哪个部门需要我?"

他的答复是什么?重新回到你以前工作的部门,继续负责保健与生命科学业务部的销售团队。这对凯奇来说,当然是个好的结果,然而,对接替凯奇兢兢业业工作了五个月的战略决策专家库尔特来说,他该何去何从呢?他被任命到凯奇手下的一个地区销售分公司的经理职位上。与战略决策职务相比,新岗位赋予了库尔特更大的责任、更高的关注度和更多的牵头主持工作的机会。这一案例揭示了大规模职业定制组织环境的另一重要特征:当某位雇员要求减轻工作量时,他的同事便获得了增加工作量的机会。对库尔特来说,接替凯奇工作五个月的经历,为他搭建了进入领导角色和新的职业发展轨迹的桥梁,而若缺乏这段经历,库尔特不会有这样的升迁机会,至少不会这么快。

大规模职业定制档案记录下了这段经历(如果凯奇当时有这么一份档案的话),在无限期脱离工作期,凯奇在工作负荷维度上完全减负(如图5-1)。当她重返工作岗位时,她的职业发展状态调高至接近原来的水平,仅在工作地点/工作日程上稍作限制:每周工作50个小时并尽可能减少出差(大约每月出差一周)。如今,她告诉我们:"我能够比较自主地安排自己的日程了。"她现在考虑的问题是,当她的女儿四年后上学

第五章 网格组织之旅

图 5-1 凯奇的大规模职业定制档案

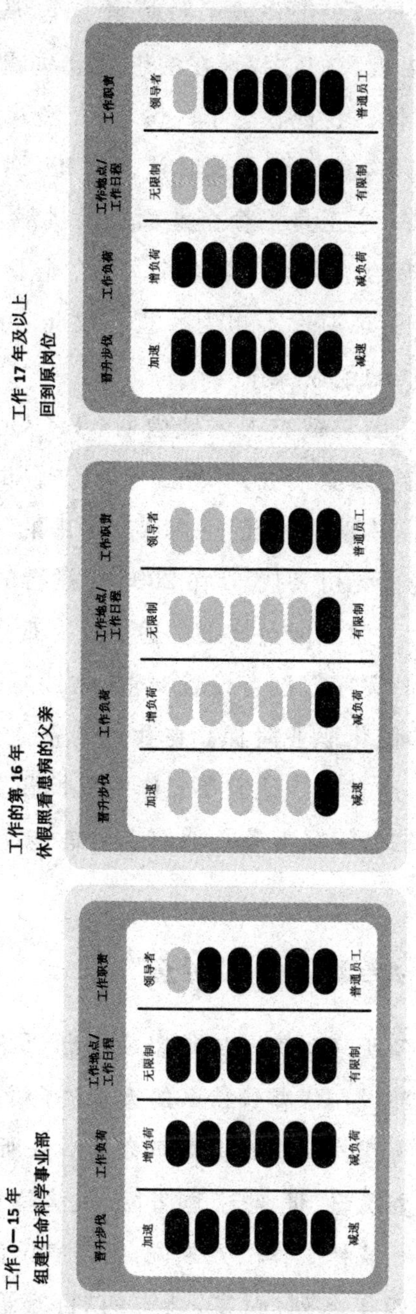

时,自己是否应进一步减少工作或干脆兼职工作,从而更好地平衡工作和生活呢?凯奇还告诉我们:"我现在的想法是,如果想为女儿投入更多的时间,我就得这样做。我现在想干一份'朝九晚五'的事务性或管理性工作,对于这样的工作,我只需上班时认真对待,回家后便可以完全抛开。我的一己愚见是,这正是当今企业面临的挑战,也是机遇。经营企业是离不开长远考虑的。这也是必须的。现在企业都在争抢人才,在其他条件相同的情况下,难道你不想为一家不仅此时此地关心你,而且还关心你一生职业发展的企业工作吗?"

赛仕的人力资源副总裁杰夫·钱伯斯(Jeff Chambers)认为,正式实施大规模职业定制,以取代过去仅仅"零敲碎打"的意义重大。更加正式的大规模职业定制体系"是我们正在认真考虑的",他说道,"我们要留住智力资本,因为他们无可替代。"[6]在2005年举行的首席人力资源官执行论坛上,钱伯作为主席团成员详细阐述了这一观点:"我们成功的一项'标志'性做法是我们实际上没有设置要求(软件)开发水平从一级升到二级,再升到四级的僵化职业阶梯。在我们的企业里,雇员是自由流动的,我们对之鼓励。这有利于他们在工作中成长和发展、学会各种技能,并成为企业不可或缺的组成部分。他们个个是'多面手'。"[7]

阿诺德—波特:持续服务的价值

著名公司法事务所阿诺德—波特以反垄断诉讼和股东关系诉讼著称业界。得益于总部设在华盛顿特区的近水楼台之便,阿诺德—波特还以美国联邦政府的智囊身份享有极高声誉。事务所的630名律师中,很多人曾在联邦储备委员会、证监会、国务院、大法院和财政部担任要职。

对于在阿诺德—波特工作的人来说,她是美国法律界最理想的雇主之一。事务所连续四年名列《财富》杂志的"百家最佳雇主"年度榜单。

2006年,阿诺德—波特是唯一一家同时进入《财富》杂志榜单和《工作母亲》杂志的"百家最佳企业"榜单的律师事务所。[8]

荣誉来得并非偶然。阿诺德—波特在为律师提供一系列灵活工作待遇方面一直走在业界前列。在任何一天,事务所都有40—50名律师(大约占律师总数的7%—8%,是4%的行业平均水平的两倍)以兼职、暂休、远程办公、灵活工作日程工作或其他某种非传统形式将他们以多种方式与全职工作的同事和客户联络起来。灵活工作的律师并不会由此失去成为合伙人的机会;相反,他们可以以一种"可紧可松"的方式沿着网格式职业发展路径晋升为合伙人和更高级职位(事务所里,从合伙人到普通律师正以非全时的方式进行工作)。

经理级合伙人詹姆斯·J.桑德曼曾经在1995—2005年间负责阿诺德—波特的灵活工作计划。他告诉我们:"很明显,多元化的职业发展选择有助于吸引和留住人才。"[9]他指出,阿诺德—波特的这项历经三十多年的成功经验,对于大多数知识驱动型企业来说,价值正越来越大。

在人才紧俏的环境中,越来越多的律师正被吸引到律师事务所以外的,与法律有关甚至无关的行业,面对这一现实,他指出:"除了寻求工作—生活平衡外,人们还在寻求跨行业工作的平衡,如果你在处理会引发职业生涯变迁的工作—生活平衡问题上无所建树,时候一到,便会难以招架。"桑德曼认为,为律师提供适应职业和人生境遇的晋升步伐、工作负荷、工作地点/工作日程和工作职责,是争取他们为企业效忠的一条途径:"雇员对雇主的忠心正在减弱,部分原因是雇员并不指望雇主会给予他们同样的忠诚。雇员通常会这样想,'根本不知道我在公司里是否有发展前途,或许干几年就被炒了,那我为什么要对公司忠诚呢?'雇员虽愿意效忠,但也不愿被当作笨蛋。他们希望自己的忠诚能投桃报李。我认为,这种想法是有普遍性的。"

桑德曼认为,在他们这个行业,企业的成功与领导力息息相关。在他任经理级合伙人的十年里,他在私下和公开场合发起了一项关于工作—生活平衡政策的案例采集与分析活动。这项活动包括叙述人们的成败往事:"谁被挽留在企业了,并因此而为企业创造了巨大价值,谁又因为无法应对现实而离开企业了,从而导致企业客户和企业自身蒙受损失。"

客户的忠诚度可以衡量桑德曼努力培养律师的效忠心所取得的成果。你也许会感到诧异:客户难道不希望每天24小时、每周七天、随时随地获得律师服务吗?"恰恰相反,我们这项计划的一些最大的'粉丝'是那些与兼职工作的律师打交道的客户,"他告诉我们,"客户喜欢自己的律师。他们对服务连续性的评价很高,并不愿意失去长期合作的伙伴。事实上,兼职工作的律师与同时服务于多个客户的全职工作律师并无太大差别。有多少客户需要律师100%地全时服务呢?极少。"

奥美:重视个人需要

奥美是世界上最大的市场传媒机构之一,思科(Cisco System)、摩托罗拉(Motorola)和美国运通(American Express)都是它的重要客户。奥美十分重视塑造品牌形象,并由此连年获得全球广告业、市场营销业和公关业的各大奖项。

谢利·拉扎勒斯指出,传媒企业的竞争力源在于创新型人才。"具有创新思维的人是无价的。"她说道。[10]随着创新和工作流程的持续优化成为在全球竞争中胜出的核心要素,越来越多的企业正致力于打造强大的人才优势。

"如果我们过去生活在雇员必须适应企业的需要和各种规程的世界里,那么我们现在则生活在企业若想留住雇员就得承认和满足他们的需要的世界里,"拉扎勒斯说道,"企业的人才之战永不终结,而人才永远是

第五章 网格组织之旅

稀缺的。"

奥美有这样一项培养公司领导人的传统：早早地雇用他们，让他们进入各种工作角色并承担相应职责，从而使他们学会以"奥美方式"工作，而不是直接雇用外部高级管理人员。拉扎勒斯说道，当这些人被提拔到公司领导岗位时，他们中的大多数已经参与了上百次关于数百名同事的职业发展的讨论。

以大规模职业定制的视角来看，这意味着在奥美获得成功的雇员与其上司及同事之间存在涉及晋升步伐、工作负荷、工作地点/工作日程和工作职责的持续对话。不少高级经理已经实现了在奥美的网格组织中随着时间推移的多向调高/调低，她补充道。更为重要的是，她说道，身边的所见所闻使公司的每一位雇员确信，出于个人原因，他们可以选择减轻工作量或者暂时离开他们的工作部门。"他们心里清楚，如果需要做一些不同的尝试，公司会给他们这个机会，"她还说，"这是我要向所有人传递的最重要的信息。"

事实上，奥美的雇员在四个职业维度上有非常宽泛的选择。"我甚至无法再增加任何特殊的工作方式了，"拉扎勒斯说道，"很多雇员以非常规的方式工作。有的雇员搬到其他地方工作，有的雇员每周在家工作一天，且不限定是哪一天。还有暂时离职又重返岗位的人。你甚至无法想出他们还需要哪些灵活性。唯一的标准是，只要这种安排能满足客户的需要。"

正如赛仕和阿诺德—波特，网格文化因素也存在于奥美之中。奥美在全球120多个国家拥有1.8万名员工。这需要奥美具备跨越巨大的文化、民族和人种差异开展经营的能力。地域的分散导致奥美与客户进行有效沟通的任务更加复杂了。而对于拉扎勒斯来说，他的任务是如何和何时调整企业文化，达到既留住跨文化沟通人才，又不降低公司为客户服务的质量的目的。如何实现这一点？答案是坚持奥美长期以来不

大规模职业定制

拘一格使用人才的政策。

"作为领导者,我必须非常清楚地认识到原则的边界,"她指出,"我非常注重一致性。我注重价值观、哲学思想、方法论和文化的一致。"拉扎勒斯认为,问题的关键在于给予管理者做出选择的权力。例如,拉扎勒斯曾否决过奥美的一位财务官员提出的降低办公室租赁费的建议,原因是根据这一提议,所有雇员每周将在家工作一天。"领导者的职责实际上是协调各种选择,"她说道,"我们给予雇员以适应个人的需要和人生境遇而工作的充分的自由。但大多数人还是在办公室工作——在这座他们生活的城市中。"

通过以上三家企业的案例,我们看到,企业的发展建立在与雇员(尤其是能力强和发展潜力大的雇员)的长期关系之上。每一个案例都生动地说明,长期稳定的客户关系是企业利润的源泉,而雇员的忠诚是争取到长期客户的关键。

这些案例展示了现实中已有的大规模职业定制带来的益处,而我们认为,只有正式和系统地以公司网格取代公司阶梯才能带来更加稳定、更具推广意义和更加长远的效益,且不会因为领导者的理解和支持程度而异。劳动者的深刻演化呼唤人事管理制度做出重大转型,而这一转型已从两个层面同时展开:如何工作与如何发展。

德勤之旅

拥有合伙人、主管和雇员总数超过四万名;仅在美国和印度就在九十多座城市设有办事处;2006年业务收入接近90亿美元的德勤(美国)有限合伙公司(Deloitte & Touche USA LLP)及其分支机构是世界最大的专业服务公司之一。[11] 德勤被公认为人事政策的创新者,尤其是在女性雇员、少数族裔雇员等社会群体方面。[12] 德勤是合伙制公司,由2,800

名合伙人和主管协商决定企业战略和领导人选。

德勤走向大规模定制源于 1993 年公司时任 CEO 迈克尔·库克（Michael Cook）发起的"女性动议"计划。库克的设想是创造一种能够让每个人均能充分发挥潜能并获得发展的工作环境。即使德勤一视同仁地投入巨大资源培养男性和女性雇员最终成为合伙人，但女性雇员的离职率还是比男性高得多。对企业来说，当时 7% 的（离职率）性别差距带来的成本是巨大的，这体现在两个方面：一是据保守估计，人员更替的成本是离职人员年收入的两倍，离职的性别差距，导致德勤每年多支出数百万美元；二是人才流失导致德勤疲于应付现有客户的需要，业务增长乏力。

德勤的大部分领导者——无论是男性还是女性——认为女性离职的主要原因是为了料理家务，而不是由于被竞争对手挖走，也不是因为她们想换换工作。他们把女性离职解读为受生活现实所迫，而非工作使然。[13]

"坦率地说，包括我在内的很多高级合伙人并没有把女性'出逃'看作是一个问题，或至少问题不在我们这儿，"当时的公司总裁道格拉斯·M.麦克拉肯（Douglas M. McCracken）发表在 2000 年《哈佛商业评论》上的一篇文章表达了这样的观点。他还写道："我们认为，女性离职是出于养育儿女之需。如果这有问题的话，那也是社会或是女性普遍面临的问题，而不是德勤独有的。事实上，绝大多数合伙人坚信我们已竭尽全力挽留女性雇员。我们以开放、合作和绩效导向型工作环境著称。我们何过而有？我们干得不错呀！"[14]

分析产生雇员离职率性别差异的根源，德勤总结出这么几条：一是工作和家庭两方面因素在导致女性离职上所起作用不分伯仲。超过 70% 的离职女性一年之内会在别的地方找到一份全职工作，另外的 20% 也会做兼职。[15] 麦克拉肯表示："大部分女性不会因为为了照顾家庭

大规模职业定制

而离职。"其二,在关注工作—生活平衡的问题上,男性与女性互不相让。"企业领导者吃惊地发现,年轻男性的想法不同于年长男性的想法,"他写道,"他们不会卖命工作以换取妻子可以完全主内的高品质生活。"男性和女性都表示:"不会为了多挣十万美元而放弃家庭和业余爱好。"

"女性动议"提出伊始便被确立为企业战略,这意味着该计划的实施基础是非常扎实的。实施结果十分喜人。女性合伙人、主管和经理的比例由1993年的5%上升为2006年的21%,高出"四大"会计师事务所中的最强劲对手好几个百分点。[16]

同样在2006年,新任的合伙人、主管和经理当中有32%是女性;35%的资深经理是女性;38%的经理是女性;离职率的性别差距也几乎消失了。[17]

吉姆·奎格利(Jim Quigley)这位德勤(美国)刚卸任的CEO强调了"女性动议"对德勤成功的重要性。"设想一下吧,要是没有我们的计划,"他在"女性挽留与发展动议"的2005年的年度报告中这样写道,"公司规模不会这么大,公司的盈利能力不会这么强,公司的发展前途不会这么广。"[18]

自实施以来,"女性动议"主要聚焦在这些问题上:人生与职业发展、监督指导和帮助雇员平衡工作与生活中的诸多义务。2006年,德勤开展的一项回收率达84%的全球雇员忠诚度问卷调查显示,公司在(工作)灵活性和可选性方面的得分非常高,被誉为"创造了一种满足雇员承担多种义务的需要,并协助其平衡工作—生活的宽容文化"。[19]该文化鼓励雇员自主决定如何工作。一位合伙人这样描述道:"能很好地服务于客户,能在需要时随时与他们见面,并能让自身的个人需要得到满足。"一位税务经理在2003年的另一项问卷调查中匿名评论道:"只要你能完成工作,时间和地点都由你定。"根据这项调查,96%的受访经理认为,非正式的灵活工作安排增强了企业留住雇员的能力。[20]

第五章 网格组织之旅

除了非正式的灵活工作安排外，十多年来，德勤还向雇员提供正式的灵活工作计划。有超过1,000名雇员参与了灵活工作计划，其中一些人如同蒂娜（我们在第一章里叙述了她的故事）一样，利用这样的灵活工作安排，一步步成长起来。11年里，蒂娜获得了四次灵活工作的机会：两次产假及其他工作减负期，削减了70%—90%的工作量。11年后，她成为了公司合伙人。

然而，话又说回来，根据2006年的全球雇员忠诚度调查，即使在有正式或非正式的灵活工作安排的情况下，职业—人生之惑仍然困扰着职场男女们。在回答"公司怎样才能与你建立更好的关系"这一问题时，女性将解决职业—人生之惑视为首选，而男性将之列为第三。还有，在其他有关灵活工作制的内部调查中，管理者发现，德勤的合伙人和主管希望在评估各种选择的利弊得失时获得更多的指导。一位合伙人写道，"如果能为非全时工作的雇员制定合理的超时工作计薪办法，"就好了。"应当制定雇员在减轻工作量情况下的职业发展和晋升机会的原则性规定，"另一位合伙人写道。统一执行标准的缺乏导致希望量身定制职业发展轨迹的人无法如愿以偿。或是尝试了，但失败了，往往以离职而告终。这也就是说，德勤的灵活工作计划遭遇了第三章"直面灵活工作制"一节所指出的问题。

灵活数据的综合分析

2004年，德勤对"女性动议"未来几年的实施目标和方案进行了调整。作为这项计划的组成部分，面向企业内外的调查研究得出了清晰的结论：工作的灵活性是职场女性关注的首要问题。这一结论是如此掷地有声，以至于催生了新一轮专门针对此问题的专题调查。该项专题调查得出了一系列有趣的结论，包括：

大规模职业定制

- 某套灵活工作方案中竟有69种不同的处理工作—生活平衡问题的办法,而据称没有一个人能说得出其中的超过三种。很明显,这属于信息交流不畅的问题,但问题不止于此。在五年的研究期内,灵活工作方案数量的持续增加与人们的满意度之间存在弱的负相关关系。可见,灵活工作计划的数量堆积无法有效解决雇员的职业—人生之惑。

- 虽然合伙人和主管口口声声地说他们支持灵活工作制,但他们之中很少有人会委以享受灵活工作待遇的雇员与客户直接打交道的重任。换句话说,他们言行不一。

- 雇员对灵活工作待遇的需求呈上升趋势。然而,如果享受灵活工作待遇的雇员看不到自己未来的职业发展前途,那么雇员的离职率仍会居高不下。

- 企业通常采取的做法是将享受灵活工作待遇的雇员从"业务第一线"或是其他直接面向客户的工作岗位上撤回,并调到企业内部的事务岗位上工作。虽然这样做有其合理性,但这一做法总体上是不可行的。在企业的总岗位中,外勤岗通常占80%,而内勤岗只占20%,因此,将享受灵活工作待遇的雇员从直接创造利润和与客户直接打交道的外勤岗调到内勤岗是行不通的。

- 一些最能干的雇员离开了德勤而进入产业界另谋职位。他们中的很多人对德勤还是很满意的。他们喜欢德勤的文化,并在不断学习中成长为专业人士。然而,他们无法确信,作为一名德勤的员工,能否一直保持工作—生活相协调。于是,他们选择离开德勤,试图到下游(产业界)找到更多工作上的灵活性。在与他们的离职恳谈中,我们可以发现问题的实质,"虽然现在一切都好,但若将来我的人生需要发生了变化,我是否还能应付得了一切?"

- 对于灵活工作制,雇员的观点可分为两大阵营。正如在第三章里

第五章 网格组织之旅

所提及的,我们在2004年第四季度和2005年第一季度对13个专题小组进行的系列调查表明,有大约50%的正在享受或已享受过灵活工作待遇的雇员称,这种安排能够解决他们遇到的问题,而其余50%的雇员则认为,这种安排并不适合他们。

- 令人奇怪的是,无论受访者认为他们正在享受的(灵活工作)待遇是否有效,几乎所有的人都称这种安排未能够触及职业发展这一更深层次的问题。"我的职业人生犹如陷入无人区,"一位雇员如是说。"我的未来一片迷茫,"另一位这样叹息——这种感受具有普遍性。

因此,德勤面临着四大无可争辩的问题:(1)必须解决"灵活性"难题;(2)雇员对各式各样灵活工作岗位的需求量很大,但外勤岗对灵活工作人员的需求并不多;(3)现行的将享受灵活工作待遇的雇员安置到公司内勤岗的做法是行不通的;(4)灵活工作制未涉及雇员的职业发展问题。显而易见,解决问题需要全新的思路。

我们从消费品世界借来了"法宝"。解决问题的灵感来源于此:如果能按照消费者需要定制牛仔裤和运动鞋,那么为什么不能定制职业生涯呢?有了大规模商品定制的基本概念,德勤在定义和管理职业生涯发展方面做出重大转型便顺理成章了。没有理由让我们驻足不前。这正如德勤现任CEO巴里·扎尔茨贝格(Barry Salzberg)所述:"让我们先确定好哪些是必须坚持的,如价值观、正直、独立、技能和质量,而其他一切均可做选择。"[21]

从理论到实践

自2004年大规模职业定制的想法最初提出以来,我们在众多场合对其进行了介绍和测试,而以在德勤咨询公司的试点最为著称。为什么

103

大规模职业定制

是在咨询业务部门而非其他三个业务部门(审计与企业风险、税务和金融服务)进行试点呢?简而言之,大规模职业定制在咨询业务部门最难实施。咨询业务出差频繁、办公地点分散且工作负荷在所有业务中最不确定。一旦有新的工作任务或是获得了新项目——咨询师就得马上行动:在全市、全国甚至全球。虽然咨询师对工作地域的偏好是企业选用人员的重要考虑因素,但满足客户需求的技能及相关资质同样重要。

项目实施期可以短至几个星期——也可长至好几年。项目各不相同,对项目组成员的要求也大不一样。在德勤咨询公司主持大规模职业定制试点的凯茜·格利森(Cathy Gleason)指出:"咨询部门是当然的首选。如果大规模职业定制能在这里行得通,那么,公司其他部门依葫芦画瓢就行了。"[22]

此外,一个非常重要的现实原因决定了德勤选择咨询业务部门试点大规模职业定制:部门的领导非常支持。咨询业务部门的领导认识到了劳动者的新趋势、高素质知识型员工的缺乏、公司雇员——男性和女性——越来越在乎更加灵活和可选择的雇员—雇主关系。

与公司其他业务部门一样,德勤咨询公司的组织结构也是矩阵式的。每位咨询师有各自的"专业",如某一产业或某一专长(战略、技术或其他),同时,他们中的大多数人与其他工作团队还有工作往来。工作目标设定、职业发展规划、工作业绩评估、工作安排及其他相关事宜是由公司众多部门交叉决策的结果。另外,一旦咨询师被分派到某一个项目中,他(她)便处于该项目经理的领导之下。

项目经理对项目层次上的工作安排和参与项目的咨询师的专业技能提升拥有很大的决定权。然而,咨询师的职业规划和发展往往与项目经理关系不大。此类问题属于咨询师本专业的问题,主要由指定的(职业规划)顾问过问。职业规划顾问在公司中的级别比前者至少高两级,他们的业务网络更广,工作经验也更加丰富。

第一轮试点：增加雇员为客户服务的方式

2005年春，大规模职业定制的想法开始付诸实践。第一步是增加雇员为客户服务的基于大规模职业定制的方式——有80%的咨询师参与试点(请回忆前述公司内勤岗位提供了大多数的灵活工作机会)。因而第一轮试点针对的是面向客户的外勤岗。此轮试点的第一个目标是参照晋升步伐、工作负荷、工作地点/工作日程和工作职责这四个维度，为咨询师设计可推广的大规模职业定制方案。第二个目标是初步识别实施大规模职业定制对职业发展轨迹、客户服务团队的交流和互动以及客户满意度的影响。相关的一项工作是探索能够让客户接受和协助试点的具有创新性与可行性的做法，以此为大规模职业定制在实施中争取更广泛的支持。

从金融服务产业到健康保健产业，再到医药产业，六支客户服务团队参与了试点。这些团队之所以能够参加试点的部分原因是团队主管关注并支持人才管理制度改革。而我们的目的也正是争取他们成为大规模职业定制改革的试水者和倡导者。自2005年8月起，代表了所有职级、地域范围和专业领域的113名雇员参加了为期六个月的试点。试点的负责人与团队主管和人事部门共同设计了评估试点效果的方法，见图5-2。

试点结果非常振奋人心，甚至出乎意料。第一点是，没有一位咨询师要求降低工作负荷(除了两位在试点前已经享受灵活工作待遇，且想继续享受该待遇的雇员之外)。第二点是，大规模职业定制在项目层次上是有效的。它鼓励参与者就如何工作开展讨论，并为他们提供了四个维度上的清晰选择。

我们在这次试点前后分别对参与者的工作—生活满意度进行了问

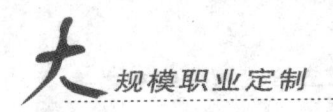

图 5-2　大规模职业定制第一轮试点：指标与评估办法

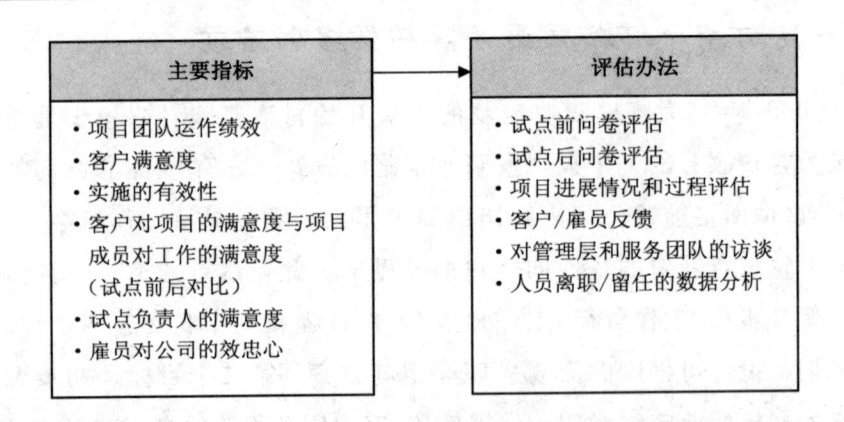

主要指标	评估办法
• 项目团队运作绩效 • 客户满意度 • 实施的有效性 • 客户对项目的满意度与项目成员对工作的满意度（试点前后对比） • 试点负责人的满意度 • 雇员对公司的效忠心	• 试点前问卷评估 • 试点后问卷评估 • 项目进展情况和过程评估 • 客户/雇员反馈 • 对管理层和服务团队的访谈 • 人员离职/留任的数据分析

卷评估，满意度分值由试点前的 68% 上升为试点后的 73%（具体来说，调查问卷提出的问题是参与者是否认为获得了安排工作、职业发展和个人生活的灵活性）。而有的被调查组的满意度分值在试点后提升了高达 50 个百分点。88% 的参与者在试点后的问卷调查中表示，大规模职业定制提供的选择机会对他们做出留在公司的决定有积极影响。

　　大规模职业定制之所以能取得以上良好效果，主要归源于它促进了人们之间的坦诚沟通。若雇员有另辟工作模式蹊径的想法，并不会因此而被视为缺乏敬业精神；相反，我们鼓励试点的参与者分析自己的工作—生活需要，并与上司和同事共同设计既符合自己的愿望，又不影响工作的解决方案。由于将所有的人都拉了进来，因此，那种产生于作为特殊安排的灵活工作制的屈辱感和嫉妒情绪便不复存在了。更为重要的是，试点的参与者普遍表示，与人们谈论调整职业定制的各个维度并不会带来不利于自己的后果。

　　"大规模职业定制促进你积极主动地安排工作，"担任健康保健项目经理的公司主管贝丝·凯莱赫（Beth Kelleher）指出，[23] "对于推进工作或实施项目，我们往往缺乏系统思考。而大规模职业定制便于我们相互支持，这对于项目管理大有裨益。这既有利于每个人更好地平衡工作与生活，也对项目的顺利实施起到了很大的促进作用。人们更加喜爱自己的工作了，他们浪费在上班途中的时间大为减少了，并且感到更加平衡了。他们的工作效率更高了。"

医药项目经理拉杰·贾亚尚卡尔（Raj Jayashankar）叙述了大规模职业定制在增强团队合作精神和团队成员的相互了解方面发挥的作用。与特殊和隐蔽实施的灵活工作制不同，"大规模职业定制是团队合作导向型的，"他指出，"团队中所有成员全都参与其中。这样的计划给予了团队成员更多的选择机会，因而，必然提高他们的工作热情。并非所有的人都需要调整自己的职业定制档案，但他们知道，一旦步入某种人生境遇，项目经理和客户便会与他们一道想办法加以应对。总之，这有利于提高工作效率。"[24]

需要强调的是，大规模职业定制发挥的作用不止限于如何塑造职业生涯，而且在于如何具体开展工作。在第一轮试点中（见表 5-1），我们提供了工作地点／工作日程的选项，以此鼓励个人与团队认真思考如何调整工作时间和如何在办公室以外的场所进行工作。还有，工作职责维度上的灵活性促使人们用心考虑如何将原有工作分解为模块或是单元。而这使得雇员和管理者可以将工作职责设计得更加适应大规模职业定制档案上其他维度的选择。当你在大规模职业定制的各个维度上进行全新的尝试，并体验它们之间的相互作用时，新的工作模式便不断显现。而这正是大规模职业定制行动框架的价值之一。

在第一轮试点中，各个小组的经理还察觉到大规模职业定制有利于他们招募人员。贾亚尚卡尔解释道："大规模职业定制的最大好处在于增强了我们吸引高端人才的能力。"凯莱赫持有相同的观点："我们必须寻找有利于人们充分施展才华的途径，我们还必须想出办法留住业务骨

表 5-1 第一轮试点总结

试点设计	• 涉及六个外勤业务部门 • 涉及 113 位来自不同职级、地域和专业的雇员 • 试点期为六个月
试点目标	• 在外勤业务部门检验大规模职业定制的作用 • 检验大规模职业定制对提高雇员留职率的作用 • 积累经验、树立榜样
试点结果	• 实施大规模职业定制有利于提高雇员的留职率 • 试点的参与者称大规模职业定制有利于他们更好地和可持续地实现职业—人生平衡 • 由于在何地与何时工作上获得了更大的自由,因而雇员的工作热情和工作效率都提高了 • 在整个试点期内,客户服务标准得到了保持,这意味着大规模职业定制可以在外勤业务部门实施——并得到推广 • 未建立大规模职业定制档案的雇员也感到自己能更好地平衡职业—人生了 • 在项目层面上,大规模职业定制使得重新设计工作成为一项重要的选择
局限	• 未涉及晋升步伐和工作职责维度:(1)此轮试点未融入工作目标设定和工作业绩管理;(2)由于此轮试点仅仅限于项目层面,因而未能触及超越这一层面的长期职业规划问题
建议	• 实施新一轮涉及工作目标设定、工作业绩评估、人员配备和职业规划的试点

干。我认为,这正是大规模职业定制最大的用途。"

虽然,大规模职业定制在第一轮试点中成功地为咨询师和项目经理提供了更多的选择机会,并在重新设计工作方面发挥了一定的作用,但此轮试点并没有深入探讨大规模职业定制的四个维度是如何随着时间的推移而调整,并共同影响到雇员的职业生涯的。由于受时间跨度的限制,这一轮试点无法触及这一问题,也未能与年度工作目标设定和业绩考核挂钩。此外,虽然工作负荷和工作地点/工作日程可以在项目实施中进行(或已经得到)调整,但晋升步伐和工作职责却是由项目之外更高层次的规划与协商决定的。接下来一轮试点的目标是为人们在长期中增减工作量提供一套定制化的路线图,而这正是大规模职业定制的核心特征。

第二轮试点:与年度人才规划相结合

为了更好地推行大规模职业定制,试点领导小组将第二轮试点对象确定为专业公司(完整的业务单位)。专业公司拥有独立的人事管理权,包括设定工作目标、考评业绩和调配人员。这正好符合第二轮试点的目标:(1)考察四个维度的不同组合如何影响参与者的职业生涯;(2)指导主管和高级经理如何以大规模职业定制为框架与雇员探讨职业发展和人生理想;(3)考察大规模职业定制如何影响企业的资源配置和营销业绩;(4)评估大规模职业定制对客户服务模式的影响。哪一个专业公司是第二轮大规模职业定制试点的最佳选择呢?我们又能得到其领导多大程度的支持呢?

在过去的 20 年里,市场对具备 IT 项目的战略规划、结构改造、开发升级和操作实施的人才需求直线上升。德勤咨询公司早早地推出了 IT 服务,并已成为这一领域的佼佼者。然而,正如其竞争对手一样,德勤也面临着巨大的人才缺口。因此,当技术集成服务公司的领导得知第二轮大规模职业定制试点有可能放在他们部门时,他们举双手赞同。

里克·瓦克巴斯(Rick Wackerbarth)掌管着(美国)西海岸的两个

地区的技术集成公司,是支持大规模职业定制试点的公司领导之一。"在业务成长过程中,我们需要应对的首要问题是避免身心疲惫,"他说道,"这正是我支持尝试新做法的原因。实施IT项目需要长期高强度的工作。雇员进入过劳状态,而想打退堂鼓的现象并不鲜见。有些人甚至会永远脱离这一行业——我的一位员工甚至去了渔场工作。"[25]

通过与技术集成公司(全美)的负责人乔恩·威廉斯(Jon Williams)的访谈,我们获悉灵活工作制根本发挥不了挽留技术集成人才的作用,而当他们进入极度疲劳的工作状态时,更是如此。绝大多数灵活工作计划对工作负荷或工作地点/工作日程进行调整的实际效果是将雇员逐出与客户直接打交道的岗位。"灵活工作制成了'草率处理'的代名词,"他说道,"它并非是一套帮助雇员既获得工作—生活平衡,又能继续留在技术咨询岗位上的定制化方案。"[26]他还认为,灵活工作制在挽留业务骨干方面还有这样的缺陷:人才管理制度"不一致、太主观",业务骨干担心这样工作会毁掉他们的前程。最有能力的雇员是不会选择灵活工作制的。

2006年6月(与德勤的财政年度一致),我们进行了大规模职业定制的第二轮试点。在415名技术集成公司的雇员中,有270人具备参加资格。起初,我们设置了两项资格门槛,一是达到三档工作业绩标准("合格")或以上,二是工作至少两年,瓦克巴斯认为这足够参与者与同事和上级建立业务网络了(后来,这两项标准又大为放宽了)。

第一步是评估技术集成公司现有职业规划的实施效果,并识别参与者在职业—人生平衡问题上的关注要点。猜猜结果是什么?调查问卷和专题访谈表明,职业规划非常不健全,灵活工作制的实施效果非常不理想。第二轮试点前的评估结果具体如下:

- 职业规划的时间跨度往往仅涉及未来的1—2年(每五名雇员中只有一位有长期职业规划)。

第五章 网格组织之旅

- 雇员表示,有1/3的工作是独立开展并可远程完成的,但这其中仅有24%得以实现,从而导致不必要的出差和工作人员的身心疲惫。
- 有1/3的雇员认为,现有的灵活工作制并不能很好地促进职业——人生平衡,且他们当中的绝大多数表示,如果能找到解决这一问题的更好办法,他们将会重新考虑去留。
- 有约一半的雇员认为,现有的工作与灵活工作制格格不入;大致相同比例的雇员认为,一旦提出享受灵活工作待遇的要求,便会被上司和同事低看。

虽然瓦克巴斯和威廉斯坚决支持大规模职业定制试点,然而,大多数技术集成公司的主管对大规模职业定制的了解有限,因而在如何开展工作以满足客户和市场需求方面,提出了成堆的问题。为此,第二轮试点领导小组召集各位主管进行集中讨论和一对一交谈,以打消他们对大规模职业定制的疑虑,并共同寻找解决方案。有些主管很快接受了大规模职业定制,而有些主管仍心存疑虑,提出了如下问题:

- 如果雇员有权调低工作负荷、减少出差,等等,那么大规模职业定制不是打开了随意工作的闸门,从而干扰正常的人员调配吗?
- 是否会导致技术集成公司的经济和生产率目标难以实现呢?
- (大规模职业定制)与现有的类似做法有何不同?
- 与业务骨干已经非正式享受的(灵活)工作待遇相比,大规模职业定制的特殊性在何处?
- 大规模职业定制会不会是另一个用意良好但实施结果糟糕的计划?(这让人们想起几年前的一项迅速走向失败的允许雇员调整工作日程和设计职业生涯的计划。至于失败的原因,人们普遍认为是主管无法满足雇员过高的要求。)

"闸门论"的观点在实践中是站不住脚的。当问及第二轮试点的参

大 规模职业定制

与者最倾向于选择何种大规模职业定制方案时,他们中的很多人回答说愿意调快晋升步伐,而不会顾及这种选择对工作负荷和工作地点/工作日程意味着什么。"尤其对于Y代人来说,他们关心的只是快升、快升,"凯茜·格利森告诉我们,"他们会这样说,'我以后也许会选择放慢一些节奏,但到那时,我可能已经走得太远。我也许收不住。'"[27]针对这一问题,我们在第二轮试点的培训环节对职业顾问进行了专门指导,让他们告诫那些处于晋升快轨中的雇员必须认清获得下一个晋升机会得付出的代价,以免在晋升快轨上精疲力竭。

另外一个需要告诫雇员的是,在设定工作业绩和晋升目标时不要太心急。"例如,对于新提升的经理,我们建议他定一个三年,而不是两年的晋升目标,"格利森说道,"三年仍是快速的,且留有更多超额完成既定业绩目标的余地。在三年一轮的业绩评估周期中名列前茅,要比在两年期的晋升快轨上落后好得多。"

大规模职业定制对专业公司的盈利能力和人才管理模式的影响如何?到目前为止,第二轮试点与第一轮试点的结果一致:对职业发展没有负效应,不影响客户服务质量。而对企业来说,好处则是提高了生产率和降低了公务成本。第二轮试点的结果总结请见表5-2。令人振奋的是,雇员的工作热情得到了提升,这虽难以度量,但所有参与者均表达了满意之情。他们表示,技术集成公司的领导考虑到了咨询工作的工作与生活平衡问题,并采取了可持续的应对措施。

更加可持续的晋升步伐、更加合理的公务安排,这不仅符合雇员,而且符合企业的长远利益。而所有这些成果的取得,并不以丝毫降低客户服务质量为代价。此外,由于试点的一个目标是将大规模职业定制与项目规划结合起来,因而,主管们已经开始重新制定工作要求了。目前,他们发现,客户也对职业定制问题很感兴趣,因为后者也无法回避这一问题。事实上,客户正紧密关注着德勤的举措,希望将来借来一用呢。

表 5-2 第二轮试点结果总结

试点设计	• 来自技术集成公司的 270 名雇员参与试点 • 进入门槛：(1)业绩表现中上；(2)工作两年以上 • 试点期为 12 个月
试点目标	• 在业绩管理周期中同时评估大规模职业定制的四个维度 • 评估大规模职业定制与企业经营绩效的关系，包括企业的人才吸引力、运作效率和运作成本 • 树立榜样、积累经验
试点结果	• 由于给予了雇员选择何地和何时工作的更大自由权，从而提高了他们的工作效率、工作满意度和工作热情（为客户远程服务的雇员比例由 24% 上升为 29%） • 雇员和管理者之间的职业发展对话得到了制度化，从而使双方更加满意了 • 2/3 的参与者高度评价大规模职业定制，并表示在未来五年内会尝试调整大规模职业定制的一个或多个维度 • 与试点前的调查结果相比，认为在需要调整职业—人生平衡时能够得到帮助的雇员比例明显增加，达 56% • 保持了客户服务质量；客户对大规模职业定制人员调配模式反应积极（并愿意了解试点结果） • 实行大规模职业定制与雇员留职率的提高之间呈正相关关系
局限	• 由于缺乏信息交流平台，因而导致资源配置存在一定的不协调 • 从灵活工作制的"例外"，到大规模职业定制的"新规则"的思维转换，需要长期而持续的宣传与交流 • 参与者受限制，尤其在工作年限上的限制导致人们产生遭到不公平对待的情绪
建议	• 在公司其他部门试点大规模职业定制，验证该模式的可推广性

第二轮试点的一项主要目标是增强管理者与参与者进行职业定制

对话的能力。在大规模职业定制下,帮助雇员在工作岗位上以一种个性化的正弦起伏形态持续工作,成为企业成功的关键。"对我们来说,最坏的情况是有人对我们说,'虽然在这儿我很好,但是如果我现在不走的话,我可能会与人生中的其他机遇失之交臂。'"格利森说道,"经理和职业规划顾问可以针对长期职业发展问题开展更多和更深入的沟通,这可是大规模职业定制的一大优势。"

有2/3的技术集成公司雇员与职业规划顾问讨论过职业发展问题,而在第二轮试点前,这一数字仅为1/5。"我们明确告诉职业规划顾问,希望他们主动发起这样的对话,"格利森说道,"这是我们必须做到的。"乔恩·威廉斯也说:"我相信,通过此轮试点,我们可以学会如何更好地管理企业,而且……我们大家还应认识到,开诚布公地讨论这些问题,是我们的优势,而非弱点。如果人们生活不顺心,那么他们便不会在工作中有出色表现。"[28]

大规模职业定制为此类职业对话提供了指南——从识别四个职业生涯维度及其互动关系开始。第二轮试点的参与者对四个维度的起止点并无异议,但他们认为应对中间刻度作进一步解释。主管和雇员认为这样做有助于增强职业对话的准确性,并进一步体现选择的公平性。

对于这一要求,试点领导小组对职业生涯维度上的刻度进行了定义(见图5-3)。

虽然,评估大规模职业定制对参与者职业发展产生的长远影响为时尚早,但毋庸置疑的是,大规模职业定制改善了职业对话的质量。实际上,试点领导小组将"职业对话质量"列为了评估实施大规模职业定制的中期效果的指标。另外,大规模职业定制赋予了参与者选择权(无论这种选择权是大还是小),这对他们来说,是一种精神鼓励。

总之,项目层面上的第一轮试点证明大规模职业定制不仅适用于外勤业务人员,而且还能在工作设计和职业规划方面发挥作用。而第二轮

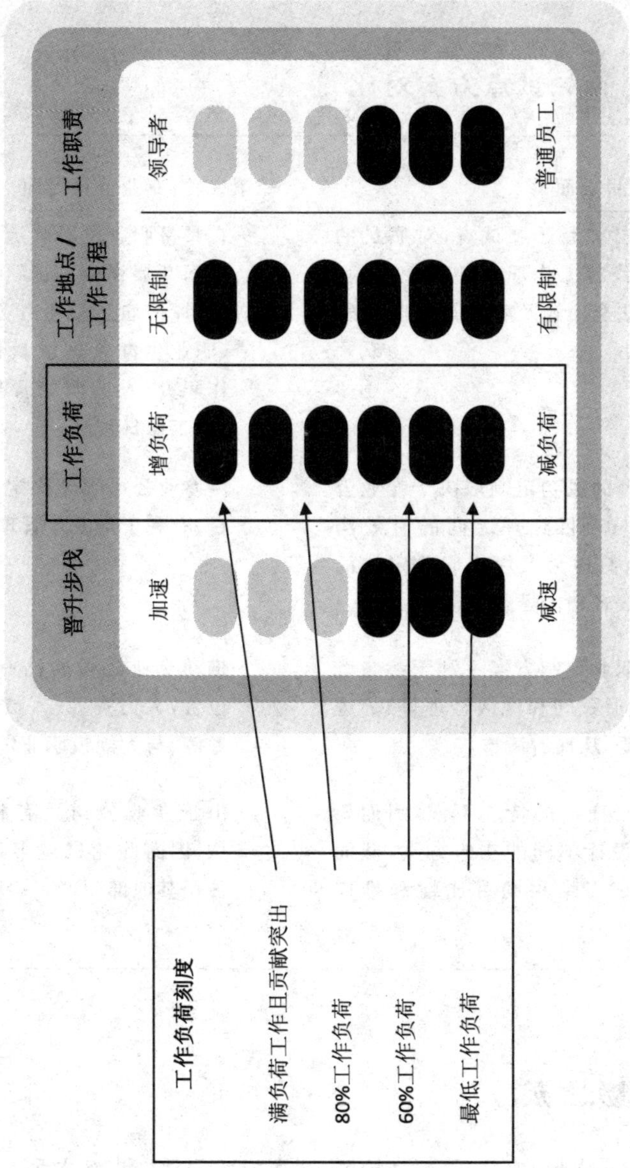

第五章 网格组织之旅

图 5-3 对刻度的定义：工作负荷

试点触及大规模职业定制的核心理念,向所有工作人员展示了建立大规模职业定制档案的价值。表 5-3 对两轮试点的方案进行了对比。

表 5-3　两轮试点方案对比

第一轮:项目层面	第二轮:专业公司层面
• 在项目层次上开展试点,对雇员的晋升步伐和工作职责的影响不大,因而无法全面触及雇员的职业生涯	• 在具备职业发展决定权的专业公司层面开展试点,因而可以全方位影响/评估雇员职业生涯的所有维度(职业生涯管理触及晋升步伐和工作职责;人员调配管理触及工作地点/工作日程)
• 职业生涯的成功定制取决于专业公司领导与项目经理之间的有效沟通,而他们均为大规模职业定制的最初实践者和倡导者	• 由专业公司领导决定参与试点的项目,有利于与人才管理体系融合
• 复杂的职业定制方案不利于参与者(职业发展顾问和地区经理等)的理解和接受,从而有碍推广	• 推动专业公司的已有的结构(地理位置,人力资源,人员调配和咨询业务等)与大规模职业定制相衔接
• 由于各个项目的特点不同,因而要求我们设计不同的实施方案,从而影响到试点结果的可比性和推广意义	• 由于专业公司具有相同的组织结构,因而此轮试点可以直接推广到公司其他部门

继续德勤之旅

　　任何变革都离不开有力的领导。凯茜·格利森之所以被选中领导第二轮试点,是因为她二十多年来在咨询师岗位上的优异表现。她曾领

第五章　网格组织之旅

导过德勤在西海岸（美国）的咨询业务，并因为个人原因而暂退过一段时间。

乔恩·威廉斯的情况则完全不同。他以最快的速度晋升为合伙人——他现在觉得根本没有必要这样。"当我回过头来看时，我觉得很不值，"他若有所思，"我跑得太快了些。当然，现在说这话容易，但当时谁也拿不准。每个人都应认识到合理安排职业生涯的重要性。这是工作—生活相平衡的问题。选择总是有利有弊的，而做出选择正是职业生涯的一部分——无须回避。"[29]

我们不仅选定了试点领导人，而且还邀请德勤的资深领导组成了顾问团。组建顾问团的目的是为了在公司领导层宣传大规模职业定制。"我们的部分工作是争取公司管理层的真心拥护——不仅仅是赞同，"乔·埃切瓦里亚（Joe Echevarria）这样告诉我们。她是德勤（美国）的副执行合伙人和大规模职业定制顾问团的成员。"人们必将效法我们——如果他们还未走在我们前面的话。"[30]

开展多轮试点的主要动因之一是检验大规模职业定制在吸引和挽留人才方面的优势。在大学毕业生和经验丰富的求职者人数下降的形势下，"人才争夺战愈演愈烈，"德勤财务咨询服务部门的CEO弗兰克·皮安蒂多西（Frank Piantidosi）告诉我们，"目前的形势是，我们必须做得最好。"[31]皮安蒂多西要求手下所有1,100名雇员参加大规模职业定制试点。

欧文·瑞安（Owen Ryan），这位德勤的资深合伙人和资本市场服务部门的负责人对下属提出了同样的要求。瑞安相信大规模职业定制能够更好地吸引人才。而面临其他行业正与他争夺人才的局面，大规模职业定制则具备战略价值。

瑞安主要通过雇用专业人士的方式拓展资本市场业务，这些专业人士中有不少拥有工科和数学学位。他们来自不同国家，有着不同的文化和民族背景。"当你与他们打交道时,你立即会发现'并非所有的人都与我一样',"瑞安说道,"大规模职业定制是凝聚人心的全新举措。如果雇员的离职率下降了,且工作满意度更高了,那么企业便会更好。我相信这一点。"[32]

有意思的是,正当我们在不同业务部门试点大规模职业定制时,德勤总裁沙伦·艾伦(Sharon Allen)表达了这样的观点:仅仅试点会延缓大规模全面推广的速度。艾伦指出:"毫无疑问,大规模职业定制已是时代潮流,加快推行全面的步伐吧。"[33]但至少根据目前的情况,我们仍选择逐步试点,以便不断改进,并争取更多的理解与支持。当然,艾伦的提议是有道理的——我们会予以考虑。

在这一章里,我们介绍了三家公司——分属软件、法律和市场传媒行业——非正式或自发构建网格组织结构及其运作流程而获得成功的例子。这些例子让我们确信,大规模职业定制已经存在于我们身边。大规模职业定制现象在具有这样意识的企业(如赛仕、阿诺德—波特和奥美)中最为显著:(1)认识到雇员的忠诚与客户的忠诚紧密联系;(2)重视与客户相知相识的专业人士持续地提供服务的价值;(3)确信始终如一的价值观、理念、方式和文化是长期业务联系得以建立的根基。

我们同时看到,德勤在过去的几年中是如何逐步建立更加正式和可推广的大规模职业定制构架的。德勤大规模职业定制之旅的起点是:雇员对灵活工作制的需求激增,而组织却难以在核心业务部门推广这一特殊安排(无论增加工作量,还是减少工作量)。在不少参与试点的雇员看来,大规模职业定制正好克服了灵活工作制的弱点,为雇员建立起了定制和预见职业发展轨迹的动态选择机制,并便于管理者也将雇员的选择纳入企业的战略规划之中。

第六章 面向未来
——来自第一线的智慧言辞

思想的价值在于运用。

——托马斯·爱迪生（Thomas A. Edison）

微软总裁比尔·盖茨（Bill Gates）曾这样告诫他的手下，对于未来十年里将发生的事"绝不能犹豫不前"。他还提醒道，"我们通常会高估未来两年的变化，但却低估未来十年的变化。"[1]盖茨的这番话，对于在过去50年里不愁招到人才的企业来说，是再好不过的警示。闻声而动的企业已经采取行动，争取博得人才的青睐。

在人才越来越紧俏的年代，很多企业不得不实行一些非正式的大规模职业定制，但作为一项全面变革，推行正式的大规模职业定制，不仅需要远见，而且需要坚持与细心。零敲碎打是无济于事的。

大规模职业定制与其他任何创新在本质上是一致的：其潜力只有经过多年的探索和尝试才能得到真正的理解，并运用于实践。因为人们总有"思维定式"，虽想开拓新领域，但却察觉不出仍沿着老路前行。下面是一则来自日常生活中的例子：让我称之为"Tivo启示"吧。

你在家里安装了Tivo（或是其他什么数字录像设备），于是你便可

大规模职业定制

以以最简单的方式体验技术如何改变生活了。起初,你只是将它看作是一台很好用的录像机,只须轻按开关,便可以轻松录制和存储电视节目。摆弄一段时间后,你发现还可以在看一套电视节目的同时,录制另一套节目。接着你又惊喜地发现,这台设备还可以自动录制电视节目,并可以根据节目名和演员名搜索节目。逐渐地,你还会喜欢上将录制好的节目拷贝进你的笔记本电脑。

笔记本里有了录制好的节目,你便可以自主安排时间观看了。你不必每周四晚痴痴地坐在电视机前等待观看 NBC 的"必看节目"了;周五早晨,你可以利用在旧金山机场等飞机的时间看《办公室》节目。Tivo 做到了以全新的定制方式让人们获得观看电视的最佳体验(也许你会称之为"大规模电视定制"——这可是另外一个全新的领域)。同样,一旦你尝试大规模职业定制,一扇通向全新世界的大门便向你敞开了。

传统工作方式与当今非传统型劳动者的错配,以及今后二十多年里,人才供给将不能满足企业需求的局面,是大规模职业定制产生的土壤。而采纳网格式人事管理模式,体现了企业的人才观和人才管理模式的根本转变。"在人才紧俏的时代,'人才第一'是绝对真理;在我后续的职业生涯里,这种情况不会改变,"一位"婴儿潮"时代后期出生的高级经理如是说。

话说到这里,我们深知,推动变革必须从与现实中的人打交道开始,个中道理,简单的 Tivo 之旅可以解答。在我们工作的现实世界里,管理者通常将人事策略看作是鼓励雇员努力工作的恩惠,往往只会在有时间时才会施以(当然,时间总是不够的),因为关于人的琐事与紧张的日常工作相比,不值一提。

组织推行大规模职业定制——无论出于内心还是流于形式——需要真正理解和完全认同人才管理工作对股东价值的重要意义。换句话说,你须用商务语言和规范问问自己:"我为什么要重视这件事?"

第六章　面向未来

本章将为推行大规模职业定制的先行者提供一份商务计划,并探讨如何从全局的高度加以推行实施。这是我们推行组织变革的经验之谈:来自实地调研与数据分析(包括与数百名人士就大规模职业定制各个方面开展的访谈),同时也是我们践行和反思大规模职业定制的现身说法。

确定方向

这份商务计划须立足于组织现实以及未来发展。第二章论及的劳动者的新特点是拟定这份商务计划的素材,你还须认真研究这些问题:雇员的人口学特征发生了怎样的变化?将来的变化趋势又如何?人才市场的哪些趋势影响着及如何影响你的企业?关键人才的稀缺状况及未来的发展趋势如何?竞争形势如何?等等。

运用企业价值图可以比较好地分析和应对这些及相关问题。企业价值图形象地揭示了股东价值的源泉,从而便于企业管理者将经营战略、营销计划以及其他商务活动与增进股东价值联系起来。可以从收入增长、资源使用效率、盈利能力和发展前景这四个企业价值的主要因素或价值创造杠杆的角度,以一种标准化的商务规范分析和构思推行大规模职业定制的商务计划(见图6-1)。

企业价值图是将劳动者的发展趋势——以及大规模职业定制——与企业的健康发展联系起来的桥梁。比如,你的公司雄心勃勃,发展迅速,但却雇不到足够的人才。那么,在这样的情况下,开拓业务(收入增长)和增强实现未来发展目标(发展前景)的信心的"瓶颈"便是缺乏人才。

这儿有一个由于劳动者发生变化而影响企业发展的最新例子。由于处于领导岗位上的"婴儿潮"代人进入了退休年龄,从而导致出现人才青黄不接的现象。如销售岗位关键领导的退休会影响销售业绩(收入增

大规模职业定制

图 6-1 大规模职业定制与企业价值图

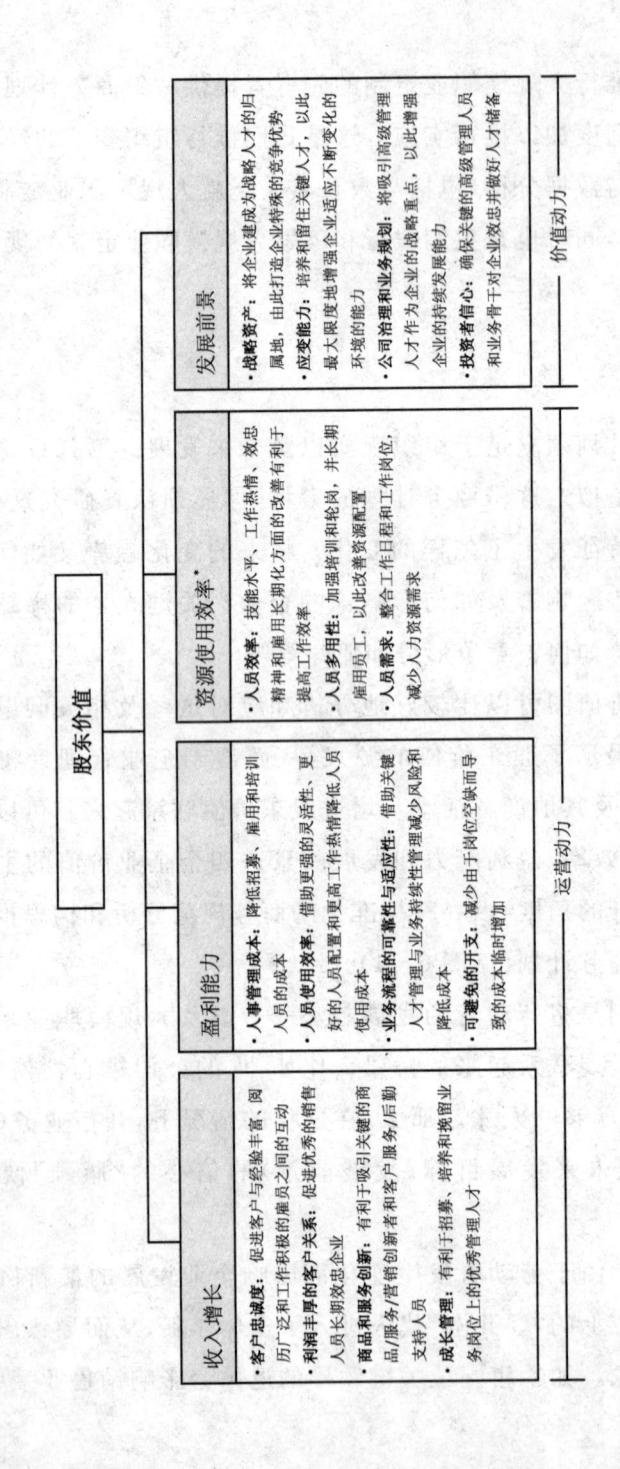

```
                            ┌──────────────────┐
                            │      股东价值     │
                            └─────────┬────────┘
          ┌──────────────┬────────────┼────────────┬──────────────┐
    ┌─────┴─────┐  ┌─────┴─────┐  ┌───┴──────┐  ┌──┴──────┐
    │  收入增长  │  │  盈利能力  │  │资源使用效率│  │ 发展前景 │
    └───────────┘  └───────────┘  └──────────┘  └─────────┘
```

收入增长：
- 客户忠诚度：促进客户与经验丰富、阅历广泛和工作积极的雇员之间的互动
- 利润丰厚的客户关系：促进优秀的销售人员长期效忠企业
- 商品和服务创新：有利于吸引关键的销售人员支持创新的营销服务和客户服务/后勤人员
- 成长管理：有利于招募、培养和留置业务管理岗位上的优秀管理人才

盈利能力：
- 人事管理成本：降低招募、雇用和培训使用的成本
- 人员使用效率：借助更强的灵活性、更好的人员配置和更高工作热情降低人员使用成本
- 业务流程的可靠性与适应性：借助关键业务管理业务持续性管理降低风险和降低成本
- 可避免的成本的开支：减少由于工作岗位空缺而导致的成本临时增加

资源使用效率*：
- 人员效率：技能水平、工作热情、效忠精神和雇用长期化方面的改善有利于提高工作效率
- 人员多用性：加强培训和轮岗，以此改善资源配置
- 人员需求：整合工作日程和工作岗位，减少人力资源需求

发展前景：
- 战略资产：将企业建成为战略的归属地，由此打造企业持续的竞争优势
- 应变能力：培养和留住关键人才，以此最大限度地增强企业适应不断变化的环境的能力
- 公司治理和业务规划：将吸引高级管理人才作为企业的战略重点，以此增强企业的持续发展能力
- 投资者信心：确保关键的高级管理人员和业务骨干对企业效忠并做好人才储备

价值动力 ← → 运营动力

注：虽然资源使用效率从技术层面上来讲是一个资产负债表意义上的"实物资产"概念，而我们在此将这一概念借用到人力资本领域，意指人才管理效率。

资料来源：作者整理自德勤的企业价值图。

122

长),而制造和服务岗位关键领导的退休将危及企业的生产和支持系统的有效运作(盈利能力)。大规模职业定制可以为即将退休的人才设置合适的工作岗位,延长他们的工作年龄,从而让他们更好地为企业发挥余热。

为了更好地发挥大规模职业定制吸引人才的作用,我们需要随时跟踪人才的去留意向。企业的中下层雇员的离职率最高吧?离职率是否因性别或是其他分类标准而异?雇员是否是因为在企业里看不到前途而离职?离开的人当中是否有不少是将来可以委以重任的?补充人才的成本有多大?而这些新补充进来的人员是否也会出于同样的原因来了又走?高素质和高潜力人才进进出出到一定程度,是否会导致人力资源投资计划得不偿失?对这些问题的回答是拟定我们的商务计划的关键环节。当离职率高于正常水平,而相关成本又迅速增加时,便是应加以系统应对的时候了——等待的成本不是线性上升,而是指数级膨胀的呀!

对于人才市场的变化趋势对企业运营产生的影响,我们须认真对待、好好考量并不断强化认识,因为只有这样,我们才能协助企业各级领导参与并确保解决问题(确保可是生产管理学术语)——不仅仅是如何启动,而且要坚持到底。根据我们的经验,如果缺乏公司领导的坚决支持和一线部门(与企业价值图中"发展前景"杠杆相联系)的理解和拥护,即使用心再好,对于推行大规模职业定制这样的牵涉面极广的变革,也是无法取得成功的。这也正是拟定大规模职业定制商务计划,以此争取企业上下的全力支持的重要性所在,而这一点无论如何强调,都不为过。

现在,我们有了根据企业价值图设计的大规模职业定制商务计划,让我们将之视为确立行动方向的指南和鼓励我们不懈地推行大规模职业定制的召唤。请记住,一定要从人才"瓶颈"制约企业当前与未来发展的大局理解和宣传大规模职业定制。而在推行大规模职业定制的过程中,请将行动的重点确定在以下三个方面:扩大网络、联系实际和鼓舞信心。

扩大网络

大规模职业定制的重要性在于能够提高企业的运作效率。比如,在推行大规模职业定制过程中,你会重新设计工作岗位,从而为雇员提供何时、何地和如何工作的更多选择。这些选择可以为企业经营带来显著的益处:从确保企业持续经营,到降低工作场地租用成本,大规模职业定制功不可没。"9·11"恐怖袭击曼哈顿的世贸大厦以后,很多公司被迫将大批雇员转移至纽约市周边的州郡。它们当中有很多投入大量资金购买或研制信息技术设备,为雇员提供如何工作和在何地工作的更多选择。[2]

相类似,得益于高度发达的通信及其他技术,面对飙升的地产价格,很多公司已开始探讨移动和远程工作对提高工作效率和减少办公场所租金开支的作用(如第二章里赛仕的例子)。而大规模职业定制为你向这个方向发展保驾护航。

联系实际

正如本章开篇所指出的,第一线的经理人往往察觉不到时代的发展趋势,这对于从事具体事务,将全部精力集中于"当前"而非"将来"的第一线经理人来说更是如此。因此,必须在日常公务的层面上,与他们直接探讨大规模职业定制。

比如,问问第一线经理人总共需要花多少时间才能招聘到合适的人才吧。答案会让你大吃一惊:通常得花上几个月才能为关键岗位招到合适的人选,而在这期间,公司里其他雇员还须加班加点地为离职人员补空,但沉重的工作量又往往难以得到全部完成。凡此种种,既妨害了企业正常经营，又让人身心疲惫。请将这样的现象置于更大的背景中加以考量。问问管理者已经做出了多少特殊安排，又有多少人提出了灵活工作申请吧。将这些熟知的问题综合起来考察，你便会发现它们并非孤立，而是潜在的不利趋势的表现形式，对此，我们须系统应对。

当劳动者的发展趋势与管理者每天都需要解决的问题联系起来后，下一步便是将解决方案与大规模职业定制联系起来。有些管理者很快便会认同大规模职业定制的作用，而另外一些管理者则会表现得比较犹豫，希望得到答疑解惑。我们欢迎提问，而投入时间解答这些疑惑的过程，正是我们争取支持的过程。正如前文所述，大规模职业定制的推行者需要花大量时间与将信将疑的主管进行一对一的交流。而正是得益于这些时间投入，试点的推行者不仅至少让人们相信"不能再安于现状了"，而且还将后者纳入了自己的阵营，成为传播大规模职业定制的一员。

鼓舞信心

大规模职业定制已经非正式地在很多组织得到实施。看看邻家，便会发现不乏成功的案例——管理者正在运用大规模职业定制的原则——硕果累累。而其中光芒闪烁的是你所在组织的领导正是沿着大规模职业定制的路径成长起来的。正如第四章提到的加里和第五章提到的凯奇，在人生的不同时期，他们先调低了职业生涯发展的一个或多个维度，而后又恢复到原来的水平。这些是组织以大规模职业定制方式运作的例子，证明了网格模式已经存在于实践之中，而借此，可以消除人事管理制度面临重大改革时，人们通常感到的焦虑。同时，请记住要求经理和项目负责人在态度和思维模式上做出重大转变。

仅仅采集成功的案例还不够，你还须让经理和项目负责人建立自己的大规模职业定制档案。正如本书的开篇和结尾所述，公司里的每一个

大规模职业定制

人(包括你自己)心中都有一个大规模职业定制档案。但很少有人将它从潜意识层次上升到意识层次,大家都默认以单一的方式在传统的职场阶梯上攀爬。只有分析和理解了现实中已存在的变革因素,大规模职业定制才会少一些"激进",多一些"渐进"。

以上三方面——通过扩大网络使你的商务计划更加引人注目和更加完善;只有联系实际才能争取到企业高层领导的支持;成功的案例和实践中已存在的大规模职业定制元素能够帮助我们克服阻力——帮助企业持续增进股东价值。

当然,在构建网格组织的过程中,你将不可避免地面临诸多挑战。因此,接下来,我们将具体讨论成功实施大规模职业定制的注意要点。

直面大规模职业定制

"关键点无先后之分,"美国西点军校的资深教官常常这样告诫未来的军队领袖。[3]根据我们的经验,我们深知,如果推行不佳,大规模职业定制难以发挥预期的效果。为此,我们将探讨推行大规模职业定制过程中可能遇到的问题及解决方案,从而便于大家做到胸有成竹。

灵活应变

我们一直认为不同的企业有不同版本的大规模职业定制。企业应根据自身的特点设计职业生涯维度的起止点,甚至职业生涯的维度(可能性稍小)。比如,在你们公司怎样才算满负荷工作?对于知识型企业来说,不同工作岗位的工作量所对应的工作时数是难以统一化的。这些不同的工作时数又可划分为核心工作时间和辅助工作期望时间(如招聘、鼓舞士气和参与社区活动等)。因此,必须量身定制每一个维度。

有了适合的维度后,各个维度上的刻度也应与部门性质相协调,即

第六章 面向未来

职业轨迹、预期发展及制约因素都是因部门而异的。你需要寻找以下两方面的平衡点:(1)促进大规模职业定制简单易行和便于人才跨部门流动;(2)满足组织中不同部门的特殊要求。一个通常的做法是制定适用于所有部门的统一维度,而根据不同部门的特点,量身定制每一维度上的刻度。在这里,严格一致并非必要(因为这毕竟是大规模职业定制)。大规模职业定制必须具备高度的适应性,并因业务特点而定。只有这样实施大规模职业定制,才能取得良好的效果。

任务虽看起来艰巨,但对于很多组织来说,并非毫无基础。一般说来,设定维度和刻度的工作对于熟悉业务的人来说,是比较简单直接的事(我们在第五章里介绍了参与第二轮试点的技术集成公司如何及为何定义刻度的)。

双向调节

大规模职业定制的好处在于可以在每个维度上进行双向调节。若大规模职业定制的每个维度只能向上调节,而无法回调,那便无法发挥作用。例如,在晋升步伐这一维度上,你应该考虑好如何让雇员既能加速,又能减速(这是德勤第二轮试点难得的经验之谈)。你也须给予减速的雇员向正常速度回调,甚至加速的机会。

同样,工作职责维度应便于雇员在不同部门流动。例如,允许雇员从外勤岗调入内勤岗,而后再回到外勤岗。当前,有的企业不支持人员跨部门流动,而有的企业(如通用电气公司)则视之为一项核心竞争力。虽有不少企业允许人员跨部门流动,但却缺乏帮助雇员选择其他部门中合适岗位的办法。简而言之,网格思维模式的形成离不开一系列配套规章制度的支撑。

再进一步,你也许还愿意将雇员的离职和入职纳入考虑范畴——而不仅仅是工作职责的转换,或者晋级速度和工作负荷的调整。例如,德勤有一项名为"个人追求"的计划,该计划允许达到一定工作年限和工作业绩标准的雇员终止与德勤的雇佣关系,但条件是五年内与公司保持联系:包括培训和监督;参加专业和技能发展计划;维护公司的专业形象,甚至接受年度聚会邀请。只要这位前雇员不另谋高就,那么这种关系就将持续。

对于加入"个人追求"计划的雇员来说,这是解决离职后再复职这一难题的有效途径:可称为"保持联络"。对于德勤来说,得益于"个人追求"计划,公司掌握了一大批与公司相知相识的潜在力量。而对公司现有雇员来说,这一计划为他们提供了一项期权价值——他们乐意知道在有需要的时候,可以暂时离职一段时间,而后重返岗位。[4]

鼓励人才为企业发挥积极工作,甚至在他们暂时离职时,也与他们保持有益的联系,这对组织的四个价值杠杆有积极的作用。

是优待而非特权

正如任何新生事物一样,认识网格组织并非一朝一夕之事——我是说,认清大规模职业定制是什么,以及同样重要的是,不是什么。一种误读是,认为大规模职业定制是一种特权,因而可以自行其是——无须顾及工作特点和企业需要。

恰恰相反,无论从本质,还是从形式来讲,大规模职业定制均为一种职业优待。它从诸多方面改善了人们的职业生涯;为塑造和推动职业生涯的可持续发展提供了更多的选择;使选择及其利弊变得公开透明;培育人才全新的效忠心和归属感。大规模职业定制将雇主与雇员的关系转化为了合作关系,但这并不意味着双方可以"无原则妥协"。

这一误读出现于第二轮试点中。当时,好几位下级雇员(他们刚刚上手)错误地认为大规模职业定制给予了决定工作方式的绝对权力。在这一点上,我们的忠告是:认清(须经常沟通)实施大规模职业定制的动机,并明白应有的预期。对于大规模职业定制实施过程中容易出现的特权化倾向,我们必须保持警惕,并积极防范,因为只有这样,我们才不会把好事做坏。

准确措辞

大规模职业定制并非仅仅适用于女性,也非仅仅针对工作—生活问题,我们相信这一点已经说得很清楚了。但我们发现,大规模职业定制往往被人们过于紧密、过于狭隘地与灵活工作制和工作—生活问题联系起来,而导致了视听混淆。我们对之感到惋惜,因为大规模职业定制是灵活工作制向高级化发展的产物,而非其简单变形。因为从后一视角是无法真正理解大规模职业定制的(请回忆第三章"直面灵活工作制"一节里谈到的灵活工作制的诸多弊端,包括人们通常将其视为雇员应对人生危机的特殊安排,往往导致职业生涯的终结)。

我们的建议是,尽量划清灵活工作制与大规模职业定制这一系统性的应对方案之间的界线,因为只有这样,人们才能抛掉"包袱",更好地转换思维方式。准确措辞是非常重要的。纵观全书,我们刻意未将"灵活"一词与大规模职业定制联系起来。我们承认"灵活"是件好事(也是很好的词汇),但重要的是,应最大限度地将大规模职业定制与灵活工作制作本质的区分。因此,我们以期权、选择、适应性和弹性等词汇取代灵活,以职业—人生协调取代工作—生活平衡。这些变动看似不起眼,但其累加效应却不可小觑。

时间为王

毫无疑问,大规模职业定制是充满人文关怀的。它需要团队和项目负责人投入大量的时间了解他们的雇员,深入地探讨职业生涯问题,并制定对企业和个人来说均可行的解决方案。这可不是每年一次的十分钟对话便可搞定的事。简单化处理只会导致大规模职业定制难以发挥应有的作用。

有了推行大规模职业定制的行动方案后,下一步便是建立有效的机制激励管理者努力推行。如果你发现自己不愿为之投入过多,那便须反思变革愿望了。当你透过企业价值图之镜考量相互交汇的人才趋势时,你会意识到"原地踏步"是不行的。

信任至上

有事业心、有天赋的人愿意为尊重他们和向他们提供发展机会的公司效力。商界领袖告诉我们:"有事业心并愿意在我这儿(我这个团队,我这家公司)发展的人,多多益善。"通过对雇员的问卷调查,我们得知:"以导师式的关爱关心我的发展,是让我与企业同心同德的最好方式。"

凭良心而论,即使时间足够,管理者并非都善于倾听,并为雇员(因此,也正是雇主)着想,尤其在融合职业生涯、工作和人生方面,更是如此。过去,管理者和雇员可能不习惯,甚至不愿意完全表露自己的想法和困境。对此,我们完全理解。对所有人来说,大规模职业定制都是全新的领域。雇员愿意表露什么呢?管理者又该问哪些问题呢?

大规模职业定制的主要价值在于通过实践和运用共同语言改善有关职业发展的对话,因此,仅凭一些条文是无济于事的:你还要教会管理者和雇员如何进行协商。好处是什么?大规模职业定制使你在人才竞争中异军突起。而且,从长远来看,还有利于公司与雇员建立个性化的定制关系,从而进一步增强雇员的效忠心。

系统贯彻

正如前文所述,大规模职业定制须融入企业人才管理体系的各个方面。这是因为,大规模职业定制的目的是使非传统和非线性的职业生涯

第六章　面向未来

成为常态。若要推行大规模职业定制，必须超越那种认为非传统职业发展轨迹仅仅是例外情况的观念。在全新观念的基础上，我们还得认清大规模职业定制并非是孤立的、与组织已有职业生涯管理无关的计划。

根据我们的经验，企业引入大规模职业定制的关键切入点是经营目标设定、工作绩效管理、薪酬奖励计划和人才储备管理。其他切入点包括人事规划、日程安排、人员配置和培训发展等。正如前面所举的Tivo的例子，企业会不断发现完善——甚至再造——人才管理和运营管理的新途径。

相对成功

事业心强、有天赋的人希望自己的贡献得到认同，即使他们并非总是得到重用。雇员知道，报酬是与工作量挂钩的——例如，75%的工作量对应着75%的工作报酬。但令他们难以理解的是，为什么一旦选择相对灵活的工作方式，他们的工作业绩评分便会被自动调低了呢（无论是规章使然，还是习惯使然）？

请对雇员的工作业绩进行具有可比性的评估——即看他们是否超额完成了现有工作目标（以他或她的大规模职业定制档案为准）。不做这样的调整，大规模职业定制便会失效。对于大多数人来说，这不是金钱的问题，而是付出能否得到承认的问题。

另外，人们往往将大规模职业定制视为对优秀雇员的奖励。虽然，设置享受大规模职业定制的进入门槛对最优秀的雇员有利，但也可能使真正需要这一待遇的雇员遭到冷落。将大规模职业定制与业绩条件相脱钩，这一点极为重要。一个可行的做法是，对于业绩最差的雇员，管理者有权拒绝他要求的大规模职业定制维度上的更加自由和更加优厚的选择。

全面考察

一旦你步入大规模职业定制之旅，几乎一切都将发生改变，因而你无法仅仅运用前后对比的方式评估大规模职业定制的实施效果，只能随时间的推移，评估实施大规模职业定制的长期累积效应。判断大规模职业定制是否得到成功实施的最终标准是拥有各自大规模职业定制档案的雇员能否都在企业里得到成长和发展：大规模职业定制根本用意在于塑造新的职业发展途径。

由于职业发展是一个长期的过程，因此需要设计一套跟踪评估大规模职业定制运行绩效的标准。起始，你可以看看有多少团队和项目负责人参与了大规模职业定制试点。还有，职业发展对话的质量和频率，这在第二轮试点的案例中已经提及。大规模职业定制能否提高职业发展对话的质量？管理者在这样的对话中是否用语更加准确、信息更加充分，因而信心也更足了？雇员的要求能否如愿以偿，心声能否得到倾听？

随着你的组织在大规模职业定制之旅上前行，接下来需要的是通过对组织内员工的问卷调查了解"人心"问题。雇员的归属感和效忠心是否增强了？事业心强的人是否愿意在你的公司发展？

在降低人员离职率方面，你身边的优秀人才是否多了起来？在离职恳谈或其他数据里，工作—生活问题在多大程度上不再是雇员离职的首要原因了？作为问题的另一面，公司的招聘成本是否下降了？大规模职业定制是否增强了公司对人才的吸引力？大规模职业定制是如何帮助公司在人才市场上独树一帜的？

如果雇员更加敬业了，那么企业的运营指标便会更加健康。例如，客户满意度和忠诚度的提高——对此的评估也十分重要。还记得吗，在这方面，企业价值图是很有用的工具。

罗伯特·弗罗斯特（Robert Frost）从教师岗位上退休下来后才开

第六章 面向未来

始学习写诗。当他的一位学生问他,为什么要做一件这一辈子都未曾做过的事时,他的回答是:"因为人们相信我的才能。"

　　同样,你也要以同样的雄心和魄力推行大规模职业定制。坚信努力必有成效。我们相信,全书读到此处,你可能已经看到了未来十年里推行大规模职业定制带来的丰硕成果。在以现在为起点的未来十年里,系统引入大规模职业定制的原则和做法,从而向网格组织演化的知识经济中的企业必成为市场的佼佼者。

　　本章,我们运用真实的案例强调了建立网格组织的重要性。我们还剖析了大规模职业定制实施过程中可能遇到的问题,并提出了应对思路。在接下来的最后一章里,我们将提供运用大规模职业定制原则进行思考和采取行动,从而变革当今工作方式的真切实例,并详细分析商界领袖将要——很可能已经——面对的四大挑战。

第七章 生活在网格世界里

　　本以为熟悉的事物在最后时刻突然原形毕露，这时的陌生感最为可怕。

　　　　　　　　　　——辛西娅·欧芝克（Cynthia Ozick）

　　任何企业若不适应变化，便要承担停滞不前的后果。变化可以在不起眼的小事上发生，如商务午餐标准的小做调整。上世纪 80 年代早期时，业界往往希望雇员在商务午餐上用高级酒水招待客户；而如今，很少有企业要求雇员请客户喝酒了（如果不是禁酒的话）。

　　变化也可能事关重大，如影响人们如何、何地和何时工作的新技术的出现。上世纪 90 年代中期，在因特网刚刚兴起时，很多企业认为这"玩意儿"会分散雇员的注意力，因而抵制其进入办公场所。[1] 而如今，没有哪家全球经营的公司禁止知识型雇员上网，当然，会对上网内容做出限制。

　　不仅能够被动适应，而且还积极引领新潮流，只有这样，企业才能在商海中生存和发展。我们始终认为，新一代劳动者的人口学特征、知识经济的到来、家庭结构、技术进步和工作的实质已对根深蒂固的公司阶梯模式职业生涯形成了挑战。

种种迹象就在身边：X代和Y代男性每天的工作日程被幼儿园的作息时间所主导；女性雇员离职一段时间后，重返职场，但做的却是一份完全不同的工作；大学生为了个人喜好，会毫不犹豫地辞职，而后再想法找工作。这些现象不仅愈演愈烈，而且还相互交织在一起，导致劳动者和职场发生严重错配。

我们相信，职业发展的公司网格模式是改造职场，从而适应劳动者特点的新途径。网格结构的本质特点是允许多方向运动和无限复制。我们推行的网格模式为雇员在职业生涯中提供了多方向的发展空间，而非仅限于公司阶梯模式下"不上即走"、"不干即停"的二元世界。在非此即彼的世界里，太多能力强、潜力大的雇员从阶梯上滑落——也带走了技能、知识和经验。正如第三章所探讨的，对于所有当事人来说，重返职业阶梯并非易事。

相反，公司网格模式为能力强、潜力大的雇员提供了无论是在短期贡献于企业的战略要务，还是以与企业长期保持联络的方式，在长期里为企业做更大贡献的新途径。公司网格模式认识到最好留住人才，而不是让他们来了，又走，再回来。同时，也源于这一相关认识：在知识经济中，人们的职业生涯呈现随着工作投入的增减而起伏的正弦曲线形态。

我们还推出了大规模职业定制这一构建网格组织的行动方案。在过去的几十年里，很多企业认识到，为顾客定制商品有利于企业发展。我们将这一风行的揽财理念借用到职场之中。大规模职业定制是企业在雇员中树立整体良好形象的基石。之所以用"良好形象"一词，是因为大规模职业定制是透明的，有人情味的，并且视塑造多元化职业发展轨迹为企业要务。而"整体"一词意味着企业对所有雇员的一视同仁，从而将"例外"和"权宜之计"转化为"常态"。

大规模职业定制是基于规则的相机行事方案，旨在参与推动组织变革。转向大规模职业定制需要远见和决心，而上一章开诚布公的九点讨

第七章　生活在网格世界里

论是走向成功的箴言。有学者指出,伟大商界领袖的核心竞争力在于设计和引领具备适应能力的组织。"我们认为,组织被设计成能够变化和乐于变化时,它才能够因时而变,"南加州大学有效组织研究中心的爱德华·E. 劳勒(Edward E. Lawler)和克里斯托弗·G. 沃利(Christopher G. Worley)这样写道。[2]

在他们2006年出版的《生来爱变:如何获得可持续的组织效率》一书中,劳勒和沃利提出的"生来爱变"思想融入了公司网格的部分思想。[3] 例如,在如今的大型企业里,差不多有60%的经理并不知道自己是否进入了管理层后备计划,而更多的人不知道他们在这些计划中的排名。领导者培养制度和晋升计划的非公开化与"家长式管理和自上而下的行动模式"相适应,但却无法很好地适应更加具有适应性的现代组织,劳勒和沃利这样指出,"政策透明化和公开化的主要优势"在于"允许雇员自我管理职业生涯。"[4] 我们赞同这一观点——并将它再拔高一些:个体与组织进行合作是最有效的职业规划模式。

管理者与雇员就晋升步伐、工作负荷、工作地点/工作日程和工作职责开展的一对一的对话是大规模职业定制的前提。这四个维度为职业发展对话提供了共同语言,确保了统一性与透明化。

对于管理者来说,这些对话还发挥着一种稳定的、为大家认同的机制和工作指南的作用。借此,企业可以与雇员一道确定经营目标和工作重点。还有,大规模职业定制便于管理者更好地掌握企业拥有的人力资源状况,从而可以更好地制订人才需求计划,并确保人员配备与变化中的企业战略和发展目标相协调。

对于雇员来说,这样的对话为他们提供了通过调整大规模职业定制的四个维度的方式,平衡工作和生活的机会。事实上,在任意时点上,绝大多数雇员——估计超过90%——每周还是工作五天,共计40小时。然而,当他们意识到自己可以根据需要调整工作方式时,大规模职业定

大规模职业定制

制则蕴涵着巨大的期权价值——如果在职业生涯的某一阶段需要对四个维度进行调整的话,不必以牺牲职业前途为代价。

大规模职业定制已经非正式地在很多组织里得到施行。面对劳动者的新变化造成的巨大压力,管理者与其下属绞尽脑汁想出了一系列孤立的和临时性的做法,以期留住高端人才,满足企业的发展需要。事实上,在我们的研究中,人们调整工作量,从而无意识地为自己建立大规模职业定制档案的现象,已不鲜见。为了体验一下以这种方式刻画职业发展的效力,我们邀请你设计一份自己(或熟人)的大规模职业定制档案。回顾一下你的职业生涯:

- 你走过了哪些职业发展阶段?
- 每个职业阶段如何用大规模职业定制档案的四个维度和刻度加以刻画?
- 四个维度是如何相互关联的?

图7-1是一份空白大规模职业定制档案。请花上几分钟,一直填写到现在——甚至可以填到你预期的未来。如果你感兴趣,还可以花上几分钟,为你的熟人或是与他们一起填写。

我们斗胆猜测,你不仅会惊讶地发现自己和熟人的大规模职业定制档案是如此丰富多样,而且还会跃跃欲试地与你的下属和所指导的雇员共同分析他们目前的大规模职业定制档案——并预测将来的演化趋势。鉴于本书一再阐明的道理,加速和放缓职业发展的问题不容回避,因而现在是以结构、刻度,当然,还有标准语言推广既有做法的时候了。

职场顺势而变

正如第二章所述,技术进步是加剧非传统劳动者与大多数大公司仍沿袭的僵化过时的职场结构之间的紧张关系的六大相互交汇的趋势之

第七章 生活在网格世界里

图 7-1 空白大规模职业定制档案

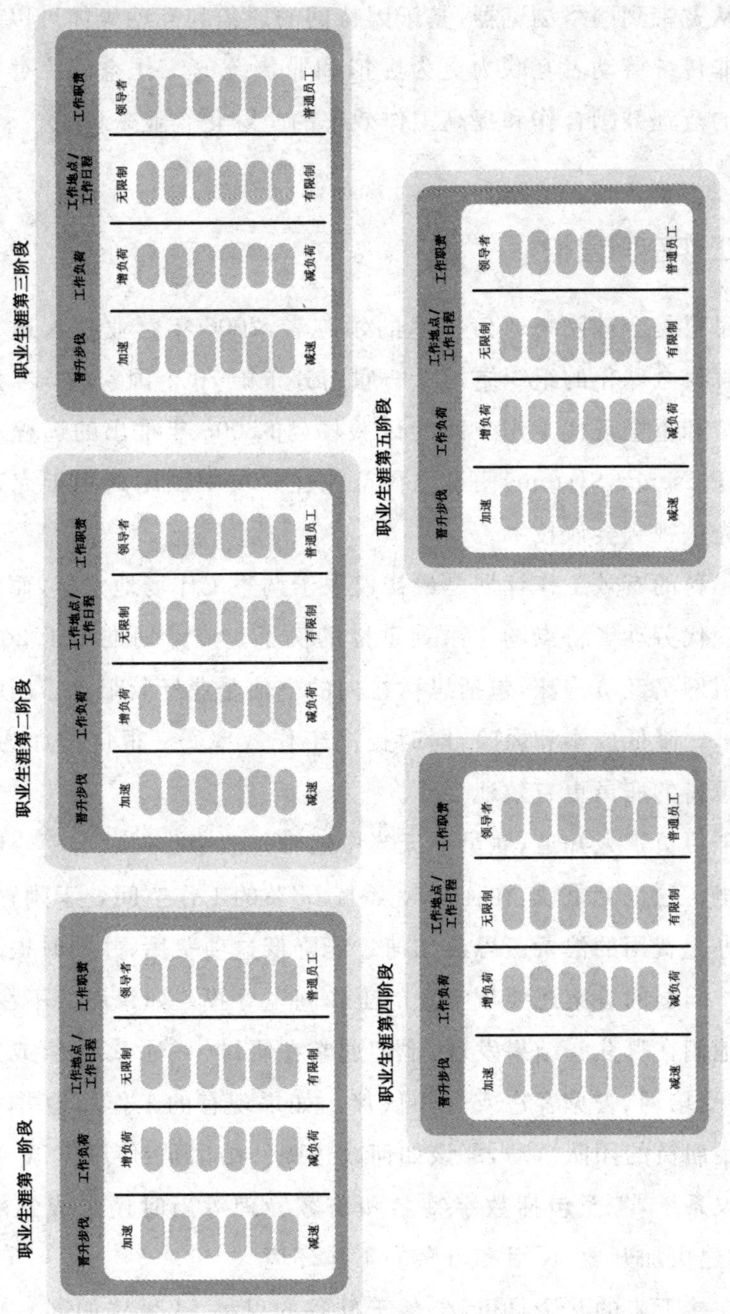

一。从宽带到网络浏览器,基于因特网的通信和互动媒体可以以多种方式将非传统劳动者互联为更为虚拟和非传统的工作空间。[5] 对于需要以全新的流程鼓励合作和提高工作效率的全球化企业来说,这一情况尤为明显。[6]

工作空间重构

思科是全球网络通信技术的领跑者,2006年营业收入达290亿美元。思科全球化的组织结构——雇用分布于70个国家的5.4万人——是改善和重塑现代工作空间的试验场(如2006年推出的远程可视系统(TelePresence System)便是思科首先在雇员中试用的用于完善远程合作的先进视频会议技术)。[7]

思科的有效工作计划是最初仅限于调整工作场地安排,而后发展为迎合现代劳动者特点的一系列举措的例子。该计划推出于2001年,那时正值网络经济泡沫,包括思科在内的电信企业经营艰难。当时的两项任务——降低成本和风险,同时提高工作效率——很快增加为三项:如何让思科的雇员更有效地合作。

项目负责人知道,雇员一天当中通常每三个小时就有一小时不在工作间里。这也就是说,在任一时点上,33%的工作空间处于闲置状态,导致了办公费用的浪费。思科如何才能降低这项费用,并同时提高工作效率呢?问题的答案还要从空置的工作间里寻找。如果雇员不在办公室,那么他们在哪儿?结果发现,他们通常在研讨(一对一、小组或大组)、开会、接受培训、去见客户或合作伙伴。如果现有的工作场地并不能很好地满足雇员的团队活动,那该如何改进呢?结论是:使用声讯、数字和可视会议系统,甚至包括数字签名和访客管理等当时还未成熟的技术手段,构建更加开放、灵活和可塑的工作环境。

在接下来的几个月里,坐落于硅谷的思科14号楼如同一个每天都

第七章 生活在网格世界里

更换道具的舞台。工作间被拆散。出现了供团队合作和个人使用笔记本的工作场地,包括配备桌椅和可移动隔断的休息间。结果如何?独立/合作空间比由 90/10 下降为 30/70。供团队成员正式发言用的会议室仍保留着,但在其附近新辟出了供团队或个人独立工作的较小工作间。如此这般,不仅节约了 40% 的办公占地,该示范工程还减少了 55% 的电信设备支出和 54% 的线缆支出。[8]

实际上,这是大规模定制试点——在有限空间内进行无限组合——思科的雇员将工作空间个性化了。雇员的体验非常好,以至于一项新的目标又被提上了议事日程:吸引和留住人才。

原因是什么?得益于思科的雇员在茶余饭后的闲谈,思科在大学毕业生和业界的亲善雇主形象得到进一步强化。有关有效工作理念的讲演和成果展示成为思科接待大学生未来雇员来访的保留节目。2006 年,第五项目标——塑造环境友好型管理模式——又得到确立。

更强的机动性、减少飞机旅行、更快的响应速度、更高的安全性、更好的空间利用、跨越空间更加灵活的合作是思科顺应新一代劳动者的特点,改进工作模式带来的主要好处。"这是新一代雇员心目中的工作模式,"思科全球办公资源和企业风险管理副总裁克里斯蒂纳·S.凯特(Christian S. Kite)这样告诉我们,"他们工作时舒服得就像一位小伙子在玩电子游戏,或是与一位波兰网友下棋。"雇员无论在本地,还是在远程的更加便捷的合作,将减轻对水、能源和其他自然资源的消耗,这对 X 代和 Y 代人也是有吸引力的,她告诉我们。[9]

思科希望这一提高工作效率的综合措施尽快推广到全球。例如在欧洲,人们期望网络及相关技术能够推动远程工作和其他有利于工作—生活平衡的工作方式,而这是美国人正在做的事。[10]

大规模职业定制

工作任务重设

不仅是工作空间在变,工作任务也须重新设计。自2005年始,哈佛商学院的组织行为学教授莱斯莉·A.珀洛(Leslie A. Perlow)一直致力于工作任务模块化的研究:"鉴于越来越多的人为如何处理好工作和生活而烦恼,我们不得不问:工作就应被设计成现在这个样子吗?工作任务分配得合理吗?如果重新分配工作任务,工作效率能否得到提高?能否以提高工作效率作为分配工作任务的标准,而不是要求每个人工作相同的时间?"[11]

珀洛探索的是如何将工作任务分解为相互关联的工作模块,而非工作时段。研究的目标是测试企业在给予雇员选择适应个人情况的工作模块的自主权的情况下,能否正常运转。"工作任务的模块化可以从本质上提高组织的运作效率和增强雇员处理工作—生活问题的能力,"珀洛告诉我们。[12]

我们猜测,她的研究基于这样的假设前提:在任一职业发展阶段,个人在工作量上进行选择的自由度是较小的。因而,如果将工作任务模块化,组织便可以从优化分配工作任务中获益。与此同时,个人也可以根据自身职业生涯所处的不同阶段,选择合适的工作模块,并从中受益。

使用虚拟网络

关于工作空间,还存在另外的处于演化之中,并相互交织的新趋势。年轻雇员展示出建立社交网络的强大高级本能。部分原因源于技术,特别是流行于Y代人的社交网络技术。这一代人对新的通信工具和网络搜索方式青睐有加。诸如Myspace的社交网络和YouTube的视频分享网站的影响深远,再次超越了跨越时空联络的极限,并拓展了网格式交流和职业发展的可能。

第七章　生活在网格世界里

看看在花旗集团里发生的一切吧。2006年年底,花旗集团正式承认了36个雇员网络群,这些群的主题涉及女性、双职工家庭、残障人员、男女同性恋者、双性恋者、变性人、非洲族裔、亚太族裔和拉美族裔。甚至在英国还有一个名称为"根"(Root)的多元文化网。[13]每个网络群均由雇员发起。到2006年时,有超过1.1万名雇员至少属于其中一个网络团体——两年内成员数增加了140%。这些起初只是属于雇员自己的网络竟然很快发展成为了公司的内部竞聘平台,得到了这家全球金融服务公司各部门领导者的重视。

这些领导者非常愿意在由这些网络群主办的"商务知识学习会"这样的场合发表讲话。花旗的人才多元化经理安娜·杜阿尔特-麦卡锡(Ana Duart-McCarthy)告诉我们。[14]这些部门的领导通过参加这样的活动,向公司内部应聘人员推介他们的商业战略和面临的机遇与挑战。由于雇员渴望了解自己的职业发展前途,因而往往导致会场被挤得水泄不通。这是网络组织已经存在的另一例证。"参加这些职业发展会的雇员知道,"杜阿尔特-麦卡锡如是说,"努力的过程是美丽的——渴望获得更多的信息,渴望加入其中干一番事业。"

大规模职业定制是更加结构化的,不断演进的人才管理模式,能够帮助人们获取更多信息、得到更大知情权和建立更广的交际网络。正如大规模商品定制旨在满足消费者个性化的商品和服务需求,大规模职业定制积极吸纳雇员参与自身的职业规划,并由此增强了他们的归属感——事实上,正是由于对扩大参与面的重视——增强了雇员对企业的效忠心。

非正式的大规模职业定制已存在于花旗集团。雇员和上司通过在线一对一交流,设计非传统的工作方案。这一机制始于2005年,那时,花旗集团的调查发现,工作缺乏灵活性是雇员的主要不满。为了申请对传统的朝九晚六工作日程进行调整,雇员仅需说明他们的工作职责、如

143

何开展工作、需要哪些技术或特殊设备,等等。当然,他们还须估计一下可能对客户和同事造成的影响。

雇员无须解释调整工作日程的动机(管理者也不必判断理由是否合理)。管理者所要做的仅仅是评估一旦同意雇员的要求,工作能否得到正常开展。结果如何?计划实施的头14个月,申请量达5,000件;其中,66%获批,9%被拒,剩余的由部门经理或人事管理人员进一步审核,杜阿尔特-麦卡锡这样告诉我们。有35%的申请来自男性雇员,这成为男性观念发生变化的另一例证。

受过良好教育的年轻雇员本能地寻找能够沿着多条轨迹定制职业生涯的类似大规模职业定制的机会。"他们在虚拟网络中轻车熟路,无论在虚拟世界,还是在现实世界行动起来都游刃有余,"杜阿尔特-麦卡锡说道,"灵活工作是他们的职业梦想。"有研究者进一步发现,不少年轻人将人生划分为截然不同的阶段,依次是努力工作阶段、生儿育女阶段、游玩阶段,或是其他你想都想不到的阶段。他们已被冠名为"分段族"。[15]

创造价值的新方式

从广义上来说,强调公开化和信息交流的公司网格模式与未来企业创造价值的趋势是一致的。林恩·杰弗里(Lyn Jeffery),这位任职于企业智库未来学会的主任研究员认为,网格化组织便于Y代雇员在工作中充分利用新技术和网络社交带来的机遇,而这正如杜阿尔特-麦卡锡对花旗集团的观察。"你可以称之为自下而上的领导模式,或自下而上的价值创造模式,"杰弗里如是说,"这是重塑价值创造模式的全面变革。商业价值、金融价值和社会价值正在以全新的方式被创造出来,而这将影响到组织的运作方式。"[16]

维基百科(Wikipedia),这一最流行的免费网络百科全书是志愿者

第七章　生活在网格世界里

创造价值的典型案例。自2001年推出以来,维基百科吸引着超过7.5万名义务编撰者,以100种语言维护着约530万个词条。截至2007年3月底,该百科全书的英文词条达170万个,每天得到数以十万计访客的数万计编撰。[17]

维基百科是及时顺应网格组织发展趋势的自下而上的价值创造模式。"EBay提供了人们调剂物品的交易平台,"杰弗里说道,"所有价值都是由自发聚集到那儿的人创造的。如何积极采纳这一模式,从而为创新和成功创造条件?这是我们接触过的所有组织都面临的问题。"

思科旨在提高工作效率的计划是重塑价值创造模式的另一典型案例。公司创造了有利于雇员面对面合作的全新环境——无论是在现实世界,还是在虚拟空间(得益于电信、声讯和视频技术的不断进步),而这正与新一代劳动者相契合。

MySpace和YouTube通过收购其他企业迅速壮大起来。这对于未公开上市的全球最大商户社交网LinkedIn意味着什么呢?也许公司股东可以在收购支付日获得大笔进账。据路透社(Reuters)报道,2006年3月至9月间,LinkedIn的注册用户增长了超过50%,达到近800万人。据该公司的一位高级经理称,营业收入的增加要快一倍,2008年公司营业收入可望达1亿美元。[18]

随着雇员不断地将市面上出现的新的技术和设备用于工作之中——是的,甚至MySpace,YouTube和LinkedIn——雇主也别无选择,只能学会如何适应。只有领先一步的企业才能吸引和留住人才。杰弗里解释道:"新技术具有互联的功能——人们喜欢。人们乐于创建自己的个性化空间,并与他人分享。我们认为,这是企业面临的重要——巨大——挑战。你如何将人们组织起来,让他们——同时也协助他们——去做他们知道如何做,而且愿意做的事?你如何创造条件让人们乐于忙于业务和项目?"

网格组织结构具有透明化和多元向上的特点,因而相比自上而下的比较僵化的阶梯结构而言,能够更好地解答以上问题。大规模职业定制站在传统的工作空间与第二章所述的非传统劳动者之间。借助大规模职业定制理解和满足雇员职业理想的组织,能够更好地吸引和留住雇员,并获得他们对组织的尽心尽力。而尽早调整策略,充分利用杰弗里所述的"自下而上的综合价值"的企业必将获得更大优势。

大规模职业定制与未来工作空间的核心挑战

接下来,我们将前述来自劳动者的挑战划分为四类,并介绍大规模职业定制在帮助商界领袖逐一应对这些挑战时可能发挥的作用。

这些挑战是:(1)招聘,(2)挽留,(3)领导者储备,(4)领导者多元化。

招聘和返聘:增加还是减少成本

包括我们在前面章节里分享过观点的著名组织和人力资源专家已在知识型雇员寻找工作时表现出的新消费主义问题上著作颇丰。[19]但不少雇主对这一复杂现象的认识不足、反应迟缓,而大规模职业定制为他们提供了迎头赶上的指南。大规模职业定制不落俗套地将"你付我多少工资"这样的话题转化为"我如何成长和发展"(答案:调节晋升步伐,工作负荷和工作职责)和"我如何才能驾驭自己的时间"(答案:调节工作地点/工作日程和工作负荷)。

事实上,大规模职业定制的先行者一定会发现,在校园招聘会上,它们会成为对适应性和定制化组织钟爱有加的大学生的"香饽饽"。同样,大规模职业定制在招聘有经验的雇员,尤其是主动告别公司阶梯的人士方面,也发挥着作用。直到目前,返聘或重新工作的机会真是太少了。

第七章　生活在网格世界里

留住人：复兴或是消亡

可以用留人的效果衡量大规模职业定制对职业生涯产生的长远影响——将人才长期拢在企业麾下。[20]据保守估计，当前的人员更替成本至少是雇员年薪的两倍，而在某些情况下，甚至高达五倍。在人才越来越短缺的情况下，可以预见，这一成本还将增加。[21]

从表面上来看，在相同的职业发展阶段，新一代人与"婴儿潮"那一代人相比，对企业的效忠心相对较低，但实情可不是这样。大多数青年和壮年雇员（18—42岁）愿意为企业长期效力，但并不是无条件的。根据未来学会和卡塔利斯特的调查分析，雇员忠于企业的前提是企业承认雇员的价值，并协助他们实现梦想。[22]

网格组织与雇员共同定制职业发展轨迹，以此博得雇员的忠心和维护组织的稳定。效忠心源自于人们意识到他们可在职业生涯中根据自身需要或以生活为先，或以工作为先。雇员的人心所向降低了离职率，节约了培训和招聘成本；增加和深化了劳动者对组织的理解；充实了企业的领导者储备；企业的品牌和经营目标的感召力也更强了。

领导者补给线：充实还是匮乏

一些因素会加剧领军人物短缺的风险。RHR国际（RHR International）指出，受过去20年里企业不断减员的负面影响，差不多到2010年时，美国最大的500家企业将失去一半的高级经理。根据《经济学家》（*Economist*）杂志的观点，领导者补给线的不畅意味着"所有人都必须为争夺新生代人才而战，也必须想尽办法寻找（和管理）新的人才来源"。[23]

不少企业认识到，在成本—收益的大旗下，高级经理为提高运营效益已将技术改造、自动化及其他降低成本和扩大销售的办法"运用到了极致",《经济学家》杂志如是分析:"现在是通过改进人才管理模式提高生产效率的时候了。"[24] 通过增强效忠心,责任感和业务能力,视培养领导者为战略要务的企业将依靠大规模职业定制会聚群雄。

大规模职业定制全程呵护着企业的领导者补给线:从前端(三四十岁的雇员)到后端(五六十岁的雇员),还有中间。大规模职业定制可以帮助年轻雇员绕过妨碍他们升迁的"银色天花板"(在第一章里论及)。大规模职业定制还增强了组织内的流动性,而这对领导者补给线上的年轻一代尤为有利(例如,第五章里任职于赛仕的库尔特·卡利比由于获得了一次顶替上司的机会,而走上了领导岗位)。

在后端,"婴儿潮"那一代雇员可以借助大规模职业定制档案上四个维度的合理选择,仍留在工作岗位上。"婴儿潮"代人可以根据自己的喜好设定刻度,例如,对于"婴儿潮"代人来说,抚养子女和照顾老人已不再是生活的一部分了,因而可以考虑少工作一些、多玩一些,或干脆全身心投入工作。这可是一个重要发展趋势。因为到 2025 年时,年龄段在 55—64 岁间的劳动者人数将增加 89%;而年龄在 64 岁以上的劳动者人数将增加 117%。[25]

"随着寿命的延长和健康状况的改善,越来越多的年长人士将推迟退休,"美国联邦储备委员会主席本·S.伯南克(Ben S. Bernanke)如是说,"劳动人口增长率的下降将促使雇主设法留用和吸引年纪较大的雇员——例如,可以通过高薪、提供灵活的工作日程、加强对他们的培训和调整养老金计划等。"[26]

无论对于领导者补给线的哪一端,对之更好地管理是大规模职业定制的核心目标。

领导者多元化:停滞还是前进

在任何组织里,人们尤其是年轻人总会寻找其他人——特别是领导者——作为言行的榜样。然而,很多组织里的领导者表现出高度同质性。而大规模职业定制可以凭借塑造多元化职业轨迹和生活方式的独特功能(放缓或加速职业生涯),促进领导者类型的多样化。

例如,大规模职业定制可以促进领导者性别的多样化。越来越多的女性能够将她们的智慧和精力灵活切换于工作和生活之中,并在组织不断得到晋升,而现今,她们中的50%必须选择离职(记得大规模职业定制强调挽留人吧)。随着更多沿着不同职业发展轨迹和具备不同背景的领导者出现在企业中,企业上上下下便会更加习惯于探索和尝试各种大规模职业定制方案了。

从最严格的意义上来讲,大规模职业定制是一种人才管理模式。因而,其最终目标是提升企业有形和无形的经营绩效指标。有形的经营绩效指标包括:成本降低(留住了更多的人才,节约了招聘和培训成本);学习过程缩短,工作效率提高,创新速度加快和市场应变能力增强(更强的组织记忆能力和更活跃的合作网络);规划和预算得到完善(得益于管理者与雇员之间定期的大规模职业定制对话)。

无形的经营绩效指标包括营造宽松而又严肃的文化氛围,提高雇员的满意度和工作热情,并最终增强雇员对企业的效忠心——所有这些还会对有形的经营绩效指标产生积极的影响。这样看来,大规模职业定制是帮助企业高级领导者全面优化组织的多面手。

不容回避的问题

说了这么一大通——详尽的事实、雄辩的论点、可行的方案——然而,我们深知并不是所有的人都认识到:(1)劳动者发生了质的变化,(2)工作模式必须迎头面对,(3)采取可持续的应对措施的时候到了。

也许我(凯瑟琳)与我的至交——一位刚刚离任的前辈——在离家

不远的一家舒适的意大利餐馆小聚时的交谈最能说明这一点了。[27]我们一边悠闲地用餐,一边谈论当前劳动者的一般变化趋势和本书的内容。略施寒暄后,他吐露的真实想法让我大吃一惊。他坚信商界成功人士必须具备两项特质:真有才华,真的勤奋(言下之意,想减轻工作量的人,根本不是勤快人)。

正当我细细思量,想辩解一下时,他的妻子,辛迪(Cindy)插话了——在工作话题上,这可不寻常。辛迪是我非常要好的朋友,她的许多品质令我敬慕。四十多年来,她是职业妻子的典范。她安于家庭主妇的职责,奉献了全部"工作时光"。

"你这么成功,"她打断我们,"是因为你有才华,而且仅仅只在一件事上很勤奋——你的事业。生活中的其他事情都由我打理。"是呀,从带孩子到做家务,再到理财和社区公益,等等,辛迪承担了工作以外的所有职责。她实际上是家庭非正式任命的办公室主任。

辛迪提醒她的丈夫说,他们婚姻中的这种分工并没有在如今已为人父母的三十多岁的下一辈延续。拿她大儿子来说,他天资很高,工作也很努力——他的妻子,一位神经学家,也是这样。但区别是,他们并不仅仅在事业上倾注精力。他们还像一对搭档,共同肩负起家庭和事业的重担。

辛迪的意思是什么?家务和工作的界线已经越来越模糊了。她与她的丈夫代表着占美国人口17%的传统劳动者,而他们的孩子则代表着剩下的83%。而这看来不会改变。

这不会改变,我们深信不疑。因此,现在是考虑如何采取结构化和系统性的措施应对这一全新现实的时候了——而这正是全书的意旨。

注　释

第一章

篇首箴言引自 Andy Warhol, *the Philosophy of Andy Warhol: From A to B and Back Again* (New York: Harcourt, 1975), 113。

1. 见迈克·瓦基里(Mike Vakili)写给埃瑞克·奥潘斯夏(Eric Openshaw)并由其转发给凯瑟琳·本科的电子邮件, September 11, 2006。

2. U.S. Bureau of Labor Statistics, *Women in the Labor Force: A Databook* (Washington, DC: GPO, 2005), 1; 数据引自 2004. Jacqueline King, *Gender Equity in Higher Education: 2006* (Washington, DC: American Council on Education, 2006)。

3. Families and Work Institute, *Generation & Gender in the Workplace* (New York: American Business Collaboration, 2004), 3.

4. 同上。同见 Catalyst, *The Next Generation: Today's Professionals, Tomorrow's Leaders* (New York: Catalyst, 2001)。

5. Robert J. Grossman, "The Truth about the Coming Labor Shortage", *HR Magazine*, March 2005, 49—50.

6. Ken Dychtwald, Robert Morison, and Tamara J. Erickson,

Workforce Crisis: How to Beat the Coming Shortage of Skills and Talent (Boston: Harvard Business School Press, 2006), 6.

7. Claudia Goldin, "The Quiet Revolution That Transformed Women's Employment, Education, and Family" (paper presented at the Richard T. Ely Lecture, Harvard University, Cambridge, MA, January 6, 2006). 同见 Sylvia Ann Hewlett, Off-Ramps and On-Ramps: Keeping Talented Women on the Road to Success (Boston: Harvard Business School Press, 2007)。

8. Families and Work Institute, Generation & Gender in the Workplace. 同见 Catalyst, The Next Generation。

9. Kerry Daly and Linda Hawkins, "Fathers and the Work-Family Politic," Ivey Business Journal, July—August 2005, 4—5.

10. 詹姆斯·J. 桑德曼, 电话受于安妮·韦斯伯格和詹娜·卡尔, 录音文件, September 25, 2006。

11. Dychtwald, Morison, and Erikson, Workforce Crisis, 46—56.

12. Myra M. Hart, "Models of Success" (paper presented at the Models of Success breakfast, Harvard Business School, Cambridge, MA, May 9, 2006). 这一62%的比例是指已从哈佛商学院毕业10年、15年或20年的处于非全职工作状态下的有一个以上孩子的女性群体（大约35岁左右）。而若算上近10年毕业的大量女性毕业生（她们中的大多数还只有一个孩子），那么这一比例将相对较低。

13. Margaret Steen, "Stop Out, Hunker Down, Move Up?" Stanford Business Magazine, February 2007, http://www.gsb.stanford.edunews/bmag/sbsm0702/feature_integration.html.

14. Deloitte & Touche USA LLP, Flexible Work Arrangement Turnover Study (New York: Deloitte & Touche USA LLP, April

2004).

15. U. S. Census Bureau,"Maternity Leave and Employment Patterns of First-Time Mothers,1961—2000," *Current Population Reports*(Washington,DC:GPO,2005).这一报告指出,工作母亲数量在1970年至1990年间呈激增趋势。

16. Charles Rodgers,"The Flexible Workplace:What Have We Learned?" *Human Resource Management* 31,no.3(1992):183—199.

17. 同上。

18. Ellen Galinsky,James T. Bond,and E. jefrey Hill,*When Work Works:A Status Report on Workplace Flexibility*(New York:Families and Work Institute,2004),4—25.

19. Mary Mattis,"New Forms of Flexible Work Arrangements for Managers and Professionals," *Human Resource Planning* 13,no. 2(1990):138.该项调查显示,在兼职工作者之中,女性占100%,而在分摊工作者之中,女性占96%。男性通常以远程通信的方式获得工作的灵活性。作者的问卷调查显示,远程工作者之中有55%是男性,45%是女性。

20. Hewlett,*Off-Ramps and On-Ramps*.

21. Mary Shapiro, Cynthia Ingols, and Stacy Blake-Beard,"Optioning In Versus 'Opting Out':Women Using Flexible Work Arrangements for Career Success," *CGO Insights*,January 2007.对400名女性中层管理者的问卷调查显示,她们之中有近90%的人至少曾经申请过某种形式的非正式的灵活工作安排。该研究还发现,她们当中仅有2%的人会坚持要求以非全职工作的方式工作。

22. Anne Fisher,"Have You Outgrown Your Job?" *Fortune*,August 21,2006,54.

23. 同上,52。

24. 同上,52—54。

25. Lindsey Gerdes,"The Best Places to Launch a Career：The Top 50 Employers for New College Grads," *BusinessWeek*, September 18,2006,64—81。

第二章

篇首箴言引自 G. S. Kirk,"Natural Change in Heraclitus," *Mind*, *New Series* 60,no.237(1951):35—42。

1. 卡罗·布鲁斯—巴克南发给安妮·韦斯伯格的电子邮件提及家庭与工作研究所的媒体关注程度越来越高了,September 10,2006。

2. "The Search for Talent：Why It's Getting Harder to Find," *Economist*,October 7,2006; Jody Miller,"Get A Life!" *Fortune*,November 28, 2005, 46—56; and Kelley Holland, "When Work Time Isn't Face Time," *New York Times*, sec. 3, December 3, 2006。

3. "Manpower：The World of Work," *Economist*, January 4, 2007。另见 Ronald Alsop,"Ph. D. Shortage：Business Schools Seek Professors," *Wall Street Journal*, January 9, 2007。

4. Deloitte Research,"It's 2008：Do You Know Where Your Talent Is?"(New York：Deloitte Development LLC,2004),3。

5. The Conference Board Inc. et al., *Are They Really Ready to Work? Employers' Perspectives on the Basic Knowledge and Applied Skills of New Entrants to the 21st Century U. S. Workforce*（Alexandria, VA：Society for Human Resource Management,2006）;样本数据采集于 400 名雇主。同见 Rebecca Knight,"Entrants to U. S. Workforce

Ill-Prepared," *Financial Times*, October 1, 2006。

6. The Conference Board Inc. et al., *Are They Really Ready to Work*?

7. Ken Dychtwald, Robert Morison, and Tamara J. Erickson, *Work-force Crisis: How to Beat the Coming Shortage of Skills and Talent* (Boston: Harvard Business School Press, 2006), 6.

8. David Barboza, "Sharp Labor Shortage in China May Lead to World Trade Shift," *New York Times*, April 3, 2006; Diana Farrell and Andrew J. Grant, "China's Looming Talent Shortage," *McKinsey Quarterly*, no. 4 (2005): 70—79.

9. 不少欧盟国家也因本国技术工人向其他国家移民以及由国外移入的技术工人数量减少而面临劳动力市场供小于求的局面。见 Joellen Perry, "Exodus of Skilled Workers Leaves Germany in a Bind," *Wall Street Journal*, January 3, 2007。

10. Robert J. Grossman, "The Truth about the Coming Labor Short-age," *HR Magazine*, March 2005, 49—50. 2005 年已经减少的签证额度在办理签证的第一天就差不多用完了。

11. 同上。

12. Edward Tse, "China's Five Surprises," *Strategy + Business*, January 16, 2006.

13. Felice N. Schwartz, "Management Women and the New Facts of Life," *Harvard Business Review*, January—February 1989, 65—76.

14. Phyllis Moen and Patricia Roehling, *The Career Mystique: Cracks in the American Dream* (Lanham, MD: Rowman & Littlefield, 2005).

15. 同上。

16. U.S. Census Bureau, *America's Families and Living Arrangements:2003* (Washington,DC:GPO,2004).

17. Sam Roberts, "51% of Women Are Now Living Without Spouse," *New York Times*,January 16,2007.

18. Catalyst, Families and Work Institute, and the Center for Work & Family at Boston College, *Leaders in a Global Economy: A Study of Executive Women and Men* (New York:Catalyst,2002).

19. Ellen Galinsky,James T. Bond,and E. Jeffrey Hill, *When Work Works: A Status Report on Workplace Flexibility* (New York: Families and Work Institute,2004),4—25.

20. Suzanne Bianchi,John P. Robinson,and Melissa A. Milkie, *Changing Rhythms of American Family Life* (New York:American Sociological Association and Russell Sage Foundation,2006),13—17. 根据美国民调局的日志数据,作者发现男性在陪伴孩子上投入的时间正越来越多;已婚男性希望能有更多的时间与孩子在一起。

21. Catalyst, *Two Careers, One Marriage: Making It Work in the Workplace* (New York:Catalyst,1998).

22. Society for Human Resource Management, *SHRM 2003 Eldercare Survey* (Alexandria, VA: Society for Human Resource Management Research,2003).数据引自作者对部分雇主进行的抽样调查。

23. National Academy of Sciences, *Beyond Bias and Barriers: Fulfilling the Potential of Women in Academic Science and Engineering* (Washington,DC:National Academies Press,2006),S-3.

24. Carol Evans, *This Is How We Do It : The Working Mother's Manifesto* (New York : Hudson Street Press and Working Mother Media,2006). 同见 Mary Shapiro, Cynthia Ingols and Stacy Blake-

Beard,"Optioning In Versus 'Opting Out': Women Using Flexible Work Arrangements for Career Success ," *CGO Insights* , January 2007; Catalyst,*Women and Men in U. S. Corporate Leadership:Same Workplace ,Different Realities*（New York:Catalyst,2004）。

25. U. S. Department of Education,National Center for Education Statistics,"Table 246. Degrees Conferred by Degree-Granting Institutions,by Level of Degree and Sex of Student:Selected Years,1869—1870 through 2013—2014," *Digest of Education Statistics*:2005,June 2006,http://nces. ed. gov/programs/digest/d05/tables/dt05_246. asp.

26. National Academy of Sciences, *Beyond Bias and Barriers* ,3—11; Amanda Ripley,"Who Says a Woman Can't Be Einstein?" *Time*,March 7,2005. 瑞普莱(Ripley)引自美国国家自然基金委数据。文章指出,在攻读理工科博士学位问题上,女性还是不如男性积极。另外,截至2001—2002年,在学士学位获得者当中,女性占生命科学的61%,占健康科学的85%,占化学的48%,占数学的47%。而女性只占工程机械学的19%、计算机科学的28%和物理学的22%。

27. Jennifer Delahunty Britz,"To All the Girls I've Rejected," *New York Times*,March 23,2006. 专栏编辑收到了不少回应这一评论的信件。

28. Tamar Lewin,"At Colleges,Women Are Leaving Men in the Dust," *New York Times* ,July 9,2006. 这是2006年以来刊登在《纽约》时报上的《新代沟》系列文章中的一篇。

29. U. S. Department of Labor,"Women in the Labor Force in 2005," June 19, 2006, http://www. dol. gov/wb/factsheets/Qf-laborforce-05. htm.

30. 同上。

31. Robin Cohen and Linda Kornfeld,"Women Leaders Boost Profit," Barron's Online, September 4, 2006, http://online.barrons.com/article_search/SB115715054502452224.html?mod=search&KEYWORDS=kornfeld&COLLECTION=barrons/archive.

32. 同上。

33. Linda Tucci,"Gartner：Firms at Risk of losing Women Technologist," SearchCIO.com, December 5, 2006, http://searchcio.techtarget.com/orginalContent/0,289142,sid19_gci1233089,00.heml?track=NL-162&AD=574445.

34. Catalyst, Center for Education of Women at the University of Michigan, and University of Michigan Business School, *Women and the MBA：Gateway to Opportunity* (New York：Catalyst, 2000), 36.

35. Myra M. Hart, "Models of Success" (paper presented at the Models of Success breakfast, Harvard Business School, Cambridge, MA, May 9, 2006).

36. Moen and Roehling, *The Career Mystique*, 70.

37. Sylvia Ann Hewlett, *Off-Ramps and On-Ramps：Keeping Talented Women on the Road to Success* (Boston：Harvard Business School Press, 2007), 25—55. 数据引自运用哈瑞斯交互式调查(Harris Interactive survey)方法选取的2,443名女性和653名男性样本。

38. 同14。

39. 同29。

40. 同39。

41. 同40。

42. Monica McGrath, Marla Driscoll, and Mary Gross, *Back in the Game：Returning to Business After a Hiatus* (Philadelphia, PA, and

Austin, TX: Wharton Center for Leadership and Change Management and the Forte Foundation, 2005). 数据引自对130名符合一定条件的受访者的问卷调查。

43. Hewlett, *Off-Ramps and On-Ramp*, 29. 同见 Claudia Goldin, "The Quiet Revolution That Transformed Women's Employment, Education, and Family" (paper presented at the Richard T. Ely Lecture, Harvard University, Cambridge, MA, January 6, 2006), 23—24。古尔汀(Goldin)提到由梅隆(Andrew W. Mellon)基金会开展的一项名称为《大学生涯及未来》的研究,该研究发现女性回家暂休的持续时间更短:"平均为1.55年,其中,已生育女性为2.08年,未生育女性为0.41年。"

44. Evans, *This Is How We Do It*. 同见 Catalyst, *Women and Men in U.S. Corporate Leadership*。

45. 汉斯·莫里斯,电话受访于安妮·韦斯伯格,录音文件,October 6, 2006。

46. Robert Orrange, "Aspiring Law and Business Professionals' Orientations to Work and Family Life," *Journal of Family Issues* 23, no. 2 (2002): 287—317. 数据引自对43名法学和商学学生的访谈。

47. Bianchi, Robinson, and Milkie, *Changing Rhythms of American Family Life*.

48. Jody Miller, "Get a Life!" *Fortune*, November 28, 2005. 样本数据采集于任职于财富500强企业的男性高管。

49. Lisa Belkin, "Life's Work: Flex Time for the Rest of Us," *New York Times*, December 17, 2006.

50. Kerry Daly and Linda Hawkins, "Fathers and the Work-Family Politic," *Ivey Business Journal*, July—August 2005.

51. Families and Work Institute, *Generation & Gender in the*

Workplace (New York：American Business Collaboration,2004),4.

52. Catalyst,*Women in Law：Making the Case* (New York：Catalyst,2001).研究发现,在就职于法律事务所的不同职别人群中男性合伙人面临的工作—人生矛盾最大。

53. 埃伦·加林斯基,与安妮·韦斯伯格的电话交谈,September 11,2006。

54. Hewlett,*Off-Ramps and On-Ramps*.

55. Galinsky,Bond,and Hill,*When Work Works*.

56. 同上。

57. Daly and Hawkins,"Fathers and the Work-Family Politic."

58. James A. Levine and Todd L. Pittinsky,*Working Fathers：New Strategies for Balancing Work and Family* (Fort Washington,PA：Harvest Books,1997).

59. Stephanie Dunnewind,"Attitudes about Paternity Leave Are Changing,"*Seattle Times*,November 19,2003.

60. Marilyn Elias,"The Family-First Generation," USA Today,December 12,2004.关于年轻一代期望的更多论述请参见 Orange,"Aspiring Law and Business Professionals' Orientations to Work and Family Life"；and Moen and Roehling,*The Career Mystique*。

61. Catalyst,*The Next Generation：Today's Professionals,Tomorrow's Leaders* (New York：Catalyst,2001).

62. Families and Work Institute,*Generation & Gender in the Workplace*.

63. Danielle Sacks,"Scenes from the Culture Clash,"*Fast Company*,January 2006.同见 Anne Fisher,"Want a New Job? Give Your Old One a Makeover," *Fortune*,January 5,2007。该文提及一项由人力资

源管理协会开展的一项针对自愿参与调查的群体的研究,该研究显示,有75%的雇员想在其他公司谋职位,其中有48%的人希望找到一份有更多职业发展机会的工作;只有1/3的人将获得更高薪酬作为首要选择因素。

64. 埃伦·加林斯基,与安妮·韦斯伯格的电话交谈,September 11, 2006。

65. Susan Eisner, "Managing Generation Y," *SAM Advanced Management Journal* 70, no. 4 (2005).

66. 同上。

67. Larry Rulison, "Gen Y in Search of Flexibility," *Philadelphia Business Journal*, September 22, 2003.

68. Sacks, "Scenes from the Culture Clash."

69. Leigh Buchanan, "The Young and the Restful," *Harvard Business Review*, November 2004, 1.

70. 这些技术包括(不仅仅限于)台式和笔记本电脑,移动电话和个人数据助理,还有用于文字处理、收发电子邮件、企业资源管理、客户关系管理、供应链管理、知识管理、商业智能和商务流程管理的软件——这些不胜枚举的硬件和软件设备提供了提高生产效率和增强创新能力的全新机遇。

71. WebSiteOptimization.com, "China to Pass U.S. in Total Broadband Lines," October 2006, http://www.websiteoptimization.com/bw/0610/.

72. Associated Press, "For Many, Their Cell Phone Has Become Their Only Phone," *USA Today*, March 24, 2003, http://www.usatoday.com/tech/news/2003-03-24-cell-phone_x.htm. Stefan Lovgren, "Can Cell-Phone Recycling Helping African Gorillas?" National Geographic.com,

January 20,2006,http://news. nationalgepgraphic. com/news/2006/01/0120_060120_cellphones. html.

73. Thomas W. Malone,"The Gartner Fellows Interview,"受访于赫沃德・德里斯勒（Howard Dresner），Garter. com，March 8,2005，http://www. garner. com/research/fellows/asset_126360_1176,jsp。

74. Eric Richert and David Rush,"How New Infrastructure Provided Flexibility,Controlled Cost and Empowered Workers at Sun Microsystems," *Journal of Corporate Real Estate* 7, no. 3 （2005）:271—279。

75. 帕梅拉・尼卡斯特罗（Pamela Nicastro），写给凯瑟琳・本科的电子邮件，February 7,2007。

76. Richert and Rush,"How New Infrastructure Provided Flexibility."

77. RobynDenholm，凯瑟琳・本科的电话采访，December 14,2006.

78. David Douglas,"Better Can Be Cleaner；Cheaper Can Be Greener：Sun's Energy-Efficient Design Breakthrough"（presentation at Sun analyst summit,San Francisco,February 6,2007）。

第三章

篇首箴言引自 Edward Sankowski,"Serious Art and Autonomy," *Journal of Aesthetic Education* 28,no.1(1994):31—36。

1. Mary Shapiro,Cynthia Ingols,and Stacy Black-Beard,"Optioning In Versus 'Opting Out'：Women Using Flexible Work Arrangements for Career Success," *CGO Insight* ,January 2007。

2. 关于职业生态学的研究详见 Phyllis Moen and Patricia Roehling, *The Career Mystique: Cracks in the American Dream* (Lanham, MD: Rowman & Littlefield, 2005)。

3. PhyllisMeon and Stephen Sweet, "From 'Work-Family' to 'Flexible Careers': A life Course Reframing," *Community, Work-Family* 7, no. 2 (2004). 同见 Moen and Roehling, *The Career Mystique*。

4. 美国注册会计师协会(American Institute of Certified Public Accountants), Work/Life & Women's Initiatives Executive Committee, *AICPA Work/Life and Women's Initiatives* 2004 *Research* (New York: American Institute of Certified Public Accountants, 2004), 8。数据样本采集于美国注册会计师协会会员和会计师事务所合伙人或经理合伙人。

5. Monica McGrath, Marla Driscoll, and Mary Gross, *Back in the Game: Returning to Business after a Hiatus* (Philadelphia, PA, and Austin, TX: Wharton Center for Leadership and Change Management and the Forte Foundation, 2005).

6. WFD Consulting, *The Career Paradigm: Attracting and Retaining Critical Talent* (Newton, MA: American Business Collaboration, 2006), 12. 针对企业骨干专业人士(工作时间不受正常作息时间和休假限制的企业雇员)的问卷调查结果。数据来源于哈瑞斯交互式在线调查对2,775名大中型企业的骨干专业人士进行的问卷调查。

7. 国家律师就业联盟(National Association of Law Placement), "Few Lawyers Work Part-Time, Most Who Do Are Women," December 7, 2006, http://www.nalp.org/press/detail.php?id=65. 数据主要针对兼职工作而言。数据样本采集于大约1,500家律师事务所的超过

32,000名律师。另见，Maggie Jackson,"Finding the Work-Life Balance," *Boston Globe*,June 19,2005。

8. Catalyst, *Women in Law: Marketing the Case* (New York: Catalyst,2001),41.

9. Joan Williams and Cynthia Thomas Calvert, *Solving the Part-Time Puzzle: The Law Firm's Guide to Balance Hours* (Washington, DC: National Association of Law Placement,2004).

10. Ellen Galinsky, James T. Bond, and E. Jeffrey Hill, *When Work Works: A Status Report on Workplace Flexibility* (New York: Families and Work Institute,2004).22. 家庭和工作研究所发现，39%的受访者认为一旦进入灵活工作状态，自己的前程就会遭殃。而已为人父母的受访者对"享受灵活工作待遇会对自己的仕途造成负面影响"的感受更深。

11. Catalyst, *Women and Men in U.S. Corporate Leadership: Same Workplace, Different Realities* (New York: Catalyst,2004).这项针对高级管理人员的问卷调查显示，大多数受访者认为由于虑及职业发展，因而未曾享受灵活工作待遇。

12. 同上。

13. Moen and Roehling, *The Career Mystique*,186.

14. WFD Consulting, *The New Career Paradigm*.

15. Catalyst, *Women and Men in U.S. Corporate Leadership*.

16. National Academy of Sciences, *Beyond Bias and Barriers: Fulfilling the Potential of Women in Academic Science and Engineering* (Washington, DC: National Academies Press,2006),5—12.

17. Anna Bahney,"A Life Between Jobs," *New York Times*,June 8,2006.

注释

18. 同上。

19. Families and Work Institute，*Generation & Gender in the Workplace*（New York：American Business Collaboration，2004），30.

20. Shapiro，Ingols，and Blake-Beard，"Optioning In Versus 'Opting Out'"；Catalyst，*Flexible Work Arrangements III：A Ten-Year Retrospective*（New York：Catalyst，2000）.

21. Elizabeth Dreike Aimer and Steven E. Kaplan，"The Effects of Flexible Work Arrangements on Stressors，Burnout，and Behavioral Job Outcomes in Public Accounting，" *Behavioral Research in Accounting* 14（2002）：4.爱默（Aimer）和凯普兰（Kaplan）指出："享受灵活工作待遇的专业人士要协商好工作内容和考核办法。"同见，Barney Olmsted，"Flexible Work Arrangements：From Accommodation to Strategy，" *Employment Relations Today*，Summer 1995，11。奥姆斯蒂得（Olmsted）指出："在最初的10—15年里，大多数经理人认为灵活工作制是一种因雇员而异的例外——满足某些最具价值的雇员的需要，而大多数雇员还是以'朝九晚五'每周40小时的标准方式工作。"

22. 汉斯·莫里斯，电话受访于安妮·韦斯伯格，录音文件，October 6，2006。

23. Tuck School of Business at Dartmouth，"All Tuck's Women，" *Tuck Today*，Spring 2006，http：//www.tuck.dartmouth.edu/news/features/women.html.伊丽莎白·瑞克（Elizabeth Rieke），这位Gap公司的高级品牌战略主管在2005年秋召开的塔克商学院（Tuck School of Business）女性商务会议上讲述了她难以协调工作日程和照顾孩子的困境，而原因是Gap公司不再允许"高级"雇员享受灵活工作待遇了。

24. 詹姆斯·J.桑德曼，电话受访于安妮·韦斯伯格和詹娜·卡尔，录音文件，September 25，2006。

25. Sara A. Rogier and Margaret Y. Padgett, "The Impact of Utilizing a Flexible Work Schedule on the Perceived Career Advancement of Women," *Human Resource Development Quarterly* 15, no. 1 (2004):99. 作者以一位假想的女性雇员作为研究对象灵活工作制对职业生涯发展的影响效果。他们发现,"虽然这位女性雇员在两种工作日程安排中的实际表现并没有太大差别,然而,在灵活工作制下,她在敬业精神和进取精神上的得分却比以常规方式工作时大为降低了。" 同见 Michael K. Judiesch and Karen S. Lyness, "Left Behind? The Impact of Leaves of Absence on Managers' Career Success," *Academy of Management Journal* 42 (1999):641—651. 作者发现,无论出于何种原因而暂休的雇员的晋升机会和加薪机会都大为减少了。同见 ch.3, nn. 10—11。

26. 希拉·艾泽尔和金·B. 克拉克(Kim B. Clark),引自莱斯利·斯塔尔(Lesley Stahl), "Staying at Home," 60 *Minutes*, transcript of program segment, July 17, 2005。

27. Penelope J. E. Davies, Walter B. Denny, Frima Fox Hofrichter, Joseph Jacobs, Ann M. Roberts, and David L. Simon, *Janson's History of Art: The Western Tradition*, 7th ed. (Upper Saddle River, NJ: Pearson Education, 2007), 946—949. 同见 Francoise Gilot, *Matisse and Picasso: A Friendship in Art* (New York: Doubleday, 1990), 71—76; and Hilary Spurling, *Matisse the Master: A Life of Henri Matisse, The Conquest of Colour*, 1909—1954 (New York: Alfred A. Knopf, 2003), 426—466。

第四章

篇首箴言引自 http://www.decatur-daily.com/decaturdaily/news/050916/center.shtml。作为曼切斯特彼得威公司（Manchester Bidwell Corporation）的总裁和首席执行官，斯特里克兰还是一位社会事业家。他是麦克阿瑟基金天才奖（MacArthur Foundation's Genius Grant）得主，并被誉为"博爱事业运动"之父。Knowledge@WPCarey，"Bill Strickland:Role Model for Social Entrepreneurship," January 3, 2007, http://knowledge.wpcarey.asu.edu/index.cfm?fa=viewfeature&id=1352.

1. Frank T. Piller, Kathrin Moeslein, and Christof M. Stotko, "Does Mass Customization Pay? An Economic Approach to Evaluate Customer Integration," *Production Planning & Control* 15, no.4 (June 2004):435—444.

2. 迈拉·M.哈特，电话受访于安妮·韦斯伯格和詹娜·卡尔，录音文件，September 20, 2006。

3. Clayton M. Christensen, *The Innovator's Dilemma: When New Technologies Cause Great Firms to Fail* (Boston: Harvard Business School Press, 1997); Clayton M. Christensen and Michael E. Raynor, *The Innovator's Solution: Creating and Sustaining Successful Growth* (Boston: Harvard Business School Press, 2003); Richard Foster and Sara Kaplan, *Creative Destruction: Why Companies That Are Built to Last Underperform the Market—and How to Successfully Transform Them* (New York: Currency Doubleday, 2001).

4. 若读者想了解人一生中不同阶段的社会和精神方面的特性，请参见 Erik H. Erikson, *Identity and the Life Cycle* (New York: W. W. Norton, 1980)。

5. 谢莉·拉扎勒斯电话受访于安妮·韦斯伯格和凯瑟琳·本科, 录音文件, October 6, 2006。

6. Richard B. Freeman and Joel Rogers, *What Workers Want* (Ithaca, NY: Cornell University Press, 1999), 4—7.

7. Catalyst, *Two Careers, One Marriage: Making It Work in the Workplace* (New York: Catalyst, 1998).

8. 同上。

9. 鲁比·卡洛斯, 电话受访于凯瑟琳·本科, 录音文件, Costa Mesa, CA, October 16, 2006。

10. National Academy of Sciences, *Beyond Bias and Barriers: Fulfilling the Potential of Women in Academic Science and Engineering* (Washington, DC: National Academies Press, 2006).

11. Kathy Gurchiek, "Study: Flexible Schedules Boost Performance, Productivity," Society for Human Resource Management Online, July 20, 2005, http://www.shrm.org/hrnews_published/archives/CMS_013419.asp.

12. Jyoti Thottam, "Reworking Work," *Time*, July 25, 2005.

13. Michelle Conlin, "Smashing the Clock," *BusinessWeek*, December 11, 2006.

14. Sylvia Ann Hewlett and Carolyn Buck Luce, "Extreme Jobs: The Dangerous Allure of the 70-Hour Workweek," *Harvard Business Review*, December 2006, 10.

第五章

篇首箴言引自 Thomas W. Malone，*The Future of Work：How the New Order of Business Will Shape Your organization，Your Management Style and Your Life*（Boston：Harvard Business Press School Press，2004），ix。

1. "德勤（Deloitte）"是德勤协会（Deloitte Touche Tohmatsu）的会员公司及其子公司和分支机构的统称。作为瑞士协会，德勤协会及其任何会员公司之间无连带法律责任。每一家会员公司都是以"Deloitte"、"Deloitte & Touche"、"Deloitte Touche Tohmatsu"或其他相关名义开展业务的无关联的独立法人。具体业务由会员公司及其子公司和分支机构而非德勤协会负责。德勤（美国）有限合伙公司"Deloitte & Touche USA LLP"是德勤协会在美国的会员。在美国的具体业务由作为德勤（美国）有限合伙公司子公司的德勤有限合伙公司（Deloitte & Touche LLP），德勤咨询有限合伙公司（Deloitte Consulting LLP），德勤金融服务有限合伙公司（Deloitte Financial Advisory Services LLP），德勤税务有限合伙公司（Deloitte Tax LLP）及其子公司所负责，而非德勤（美国）有限合伙公司（Deloitte & Touche USA LLP）[v.I.1]。

2. Rich Karlgaard,"Digital Rules：Who Wants to Be Public?" Forbes.com，October 9，2006，http://www.forbes.com/archive/forbes/2006/1009/031.html；jsessionid=abcUsKl55DLL0c2oLPu6q? token=MjkgT2N0IDIwMDYgMTU6MTggKzAwMDA%3D。

3. Janet Wiscombe,"CEO Takes HR to Prime Time," *Workforce*，December 2002。

4. James Goodnight,"Ask James Goodnight：The Founder of SAS

Explains How to Be Progressive on a Budget," Inc., June 2006, http://www.inc.com/magazine/20060601/handson-ask-the-bigwig.html.

5. 凯奇·塞尔温电话受访于托马斯·C.海斯和詹娜·卡尔,录音文件,October 26,2006.凯奇·塞尔温提供了以下五个自然段中的所有细节和引语(另有说明的除外)。

6. 杰夫·钱伯斯,电话受访于安妮·韦斯伯格、托马斯·C.海斯和詹娜·卡尔,录音文件,September 13,2006.

7. 杰夫·钱伯斯,大会讨论记录(from presentation at the Chief Human Resource Officer Executive Forum 2005, The Evolving Role of the CHRO in the 21st Century, New York, June 2005)。

8. Arnold & Porter, "Arnold & Porter Named a 2006 Working Mother 100 Best Company by *Working Mother Magazine*," September 25,2006, http://arnoldporter.com/news_news.cfm?publication_id=1368.

9. 詹姆斯·J.桑德曼,电话受访于安妮·韦斯伯格和詹娜·卡尔,录音文件,September 25,2006。

10. 谢莉·拉扎勒斯,电话受访于安妮·韦斯伯格和凯瑟琳·本科,录音文件,October 6,2006。

11. Deloitte & Touche USA LLP, "Leadership: Meet Some of the People of Deloitte & Touche USA LLP," June 3,2006, http://www.deloitte.com/dtt/leadership/0,1045,sid%253D2315.html.

12. 德勤所受奖项甚多,包括商业周刊的"最佳职业生涯策源地2006年名录"("The Best Places to Launch a Career 2006")(德勤在50家企业中名列第三);DiversityInc发布的"最佳多元化公司2005年名录"("Top Companies in Diversity 2005");*LATINA Style* 发布的"拉丁

裔首选的 50 家公司 2006 年名录"("50 Best Companies for Latinas 2006");工作母亲杂志(*Working Mother*)2006 年的"工作母亲百家最优公司"("100 Best Companies for Working Mothers")(该年是德勤连续 13 年获此殊荣)。

13. Rosabeth Moss Kanter and Jane Roessner, "Deloitte & Touche (A): A Hole in the Pipeline," Case Study 9-300-012 (Boston: Harvard Business School, 1999).

14. Douglas M. McCracken, "Winning the Talent War for Women: Sometimes It Takes a Revolution," *Harvard Business Review*, November—December 2000.

15. Kanter and Roessner, "Deloitte & Touche (A)."

16. "Women Post Gains in Partnership Percentage: Percentage of Big Four Women Partners Tops 17%," *Public Accounting Report*, November 30, 2006, 4—7; "Clarification and Correction," *Public Accounting Report*, December 15, 2006, 3; and Deloitte & Touche USA LLP, The Initiative for the Retention and Advancement of Women, 2006 *Annual Report* (New York: Deloitte Development LLC, 2007)。

17. Deloitte & Touche USA LLP, The Initiative for the Retention and Advancement of Women, *2006 Annual Report*.

18. Deloitte & Touche USA LLP, The Initiative for the Retention and Advancement of Women, *2005 Annual Report* (New York: Deloitte Development LLC, 2006).

19. 引自 2006 Global People Commitment survey.

20. Corporate Voices for Working Families, *Business Impacts of Flexibility: An Imperative for Expansion* (Washington, DC: Corporate Voices for Working Families, 2005). 数据引自对 46 家合伙制企业的问

卷调查和对其中15家企业的深入访谈。

21. 巴里·扎尔茨贝格,与凯瑟琳·本科的互通电子邮件,April 4,2007。

22. 凯茜·格利森,受访于凯瑟琳·本科等,录音文件,Foster City,CA,September 7,2006。

23. 贝丝·凯莱赫,电话受访于迈克尔·格罗姆(Michelle Geromel),录音文件,October 23,2006。

24. 拉杰·贾亚尚卡尔,电话受访于迈克尔·格罗姆,录音文件,October 23,2006。以下案例描述了人们从四个主要方面定制职业生涯的现象,而从这个意义上来讲,大规模职业定制已经存在于实践当中了。

25. 里克·瓦克巴斯,电话受访于凯茜·格利森,录音文件,August 28,2006。

26. 乔恩·威廉斯(Jon Williams),电话受访于凯茜·格利森,录音文件,August 23,2006。

27. 凯茜·格利森,电话受访于凯瑟琳·本科等,录音文件,Foster City,CA,September 7,2006。

28. 乔恩·威廉斯,电话受访于凯茜·格利森,录音文件,August 23,2006。

29. 同上。

30. Joe Echevarria,Mass Career Customization Steering Committee,conference call,January 2,2007.

31. 弗兰克·皮安蒂多西,电话受访于凯瑟琳·本科和安妮·韦斯伯格,录音文件,February 1,2007。

32. 欧文·瑞安,电话受访于凯瑟琳·本科和安妮·韦斯伯格,录音文件,January 31,2007。

33. 沙伦·艾伦,与凯瑟琳·本科的交谈,New York,October

10,2006。

第六章

篇首箴言引自 Claire Philpott,"Technology Transfer: Fuel for Oregon's Economic Engine," *Portland Business Journal*, January 13, 2006, http://www.bizjournals.com/portland/stories/2006/01/16/focus7.html? from_rss=1。

1. Bill Gates, *Business @ the Speed of Thought: Succeeding in the Digital Economy* (New York: Warner Books,1999).

2. Richard Gondek,"Disaster Recovery: When More of the Same Isn't Better," *Journal of Business Strategy*, June 27, 2002. 同见 Barnaby J. Feder, "After the Attacks: The Recovery Experts," *New York Times*, September 17, 2001。

3. Dana G. Mead, *High Standards, Hard Choices: A CEO's Journey of Courage, Risk and Change* with Thomas C. Hayes (New York: Wiley, 2000).

4. 已经有不少刊物论及了德勤的"个人追求"计划,如 Anne Fisher,"Happy Employees, Loyal Employees," *Fortune*, January 22, 2007; Tim O'Brien,"Why Do So Few Women Reach the Top of Big Law Firms?" *New York Times*, March 19, 2006; and Sue Shellenbarger, "Employers Step Up Efforts to Lure Stay-at-Home Mothers Back to Work," *Wall Street Journal*, February 9, 2006。

第七章

篇首箴言引自 Cynthia Ozick,"The Shock of Teapots," *Metaphor & Memory*（New York：Vintage Press，1991），144。

1. 林恩·杰弗里,电话受访于安妮·韦斯伯格、托马斯·C.海斯和詹娜·卡尔,录音文件,November 9，2006。

2. Edward E. Lawler III and Christopher G. Worley, *Built to Change：How to Achieve Sustained Organizational Effectiveness*（San Francisco：Jossey-Bass，2006），xv.

3. 同上,231。

4. 同上。

5. Frank Rose, "Commercial Break," Wired，December 2006，http：//www.wired.com/ wired/archive/14.12/tahoe_pr.html.

6. Gartner,"Gartner Highlights Seven Core Benefits of Web 2.0 for Traditional Industries," December 4，2006，http：//www.gartner.com/it/page.jsp？id＝499154.

7. "Highlights and Predictions：Farewell to Bill Gates；Hello to Second Life," *Financial Times*，December 4，2006. 格奥夫·内恩（Geoff Nairn）预言道,思科的远程视频系统可以让人们与"非必需的商务旅行说再见"。

8. "Cisco Connected Real Estate(CCRE) and Environmental Sustainability：An Overview for Business Decision Makers," Cisco presentation(Cisco Systems,2006). 凯瑟琳·本科接收自克里斯蒂娜·S.凯特（Christina S. Kite）的电子邮件,December 8，2006。

9. 克里斯蒂娜·S.凯特,电话受访于凯瑟琳·本科、安妮·韦斯伯格和托马斯·C.海斯,November 27,2006。

10. "Highlights and Predictions," *Financial Times*.

11. Leslie A. Perlow, "Why Is a Job a Job?" unpublished working paper, Harvard Business School, Boston, 2006.

12. 同上。

13. Citigroup, "Corporate Citizenship," http://www.citigroup.com/citigroup/citizen/diversity/index.htm.

14. 安娜·杜阿尔特－麦卡锡（Ana Duarte-McCarthy），电话受访于安妮·韦斯伯格和托马斯·C.海斯,录音文件,November 15,2006。

15. "Work-Life Balance: Life Beyond Pay," *Economist*, June 15, 2006。

16. 林恩·杰弗里,电话受访于安妮·韦斯伯格、托马斯·C.海斯和詹娜·卡尔,录音文件,November 9,2006。

17. "Wikipedia: About," http://en.wikipedia.org/wiki/wikipedia: About.

18. Eric Auchard, "LinkedIn Adds Yellow-Pages-Like Services Directory," Reuters.com, October 16, 2006, http://today.reuters.com/news/articlenews.aspx?type=internetNews&storyid=2006-10-16T095153Z_01_N15353899_RTRUKOC_0_US-MEDIA-LINKEDIN. xml&src=rss.; Michael V. Copeland, "The Missing Link," *Business 2.0*, December 2006, 118—124.

19. Ken Dychtwald, Robert Morison, and Tamara J. Erickson, *Workforce Crisis: How to Beat the Coming Shortage of Skill and Talent* (Boston: Harvard Business School Press, 2006).

20. 关于大型知识型企业实施正式返聘支持计划的案例,请见 Sue Shellenbarger, "Employers Step Up Efforts to Lure Stay-at-Home

Mothers Back to Work," *Wall street Journal*, February 9, 2006; and accountingweb. com, "Re-entry Programs Target Professional Women," May 16, 2006, http://www. accountingweb. com/cgi-bin/item. cgi? id = 1021568&d = 815&h = 817&f = 816&da。

21. Edward E. Lawler III,大会讨论记录(from presentation at the Chief Human Resource Officer Executive Forum 2005, The Evolving Role of the CHRO in the 21st Century, New York, June 2005)。

22. Leigh Buchanan, "The Young and the Restful," *Harvard Business Review*, November 2004.

23. Adrian Wooldridge, "The Battle for Brainpower," *Economist*, October 5, 2006, http://www. economist. com/surveys/displaystory. cfm? story_id = E1_SJGTRJQ.

24. 同上。

25. Alicia H. Munnell and Amy Chasse, "Working Longer: A Potential Win-Win Proposition" (paper presented at Work Options for Mature Americans conference, University of Notre Dame, Notre Dame, IN, December 8, 2003).

26. Ben S. Bernanke, "The Coming Demographic Transition: Will We Treat Future Generations Fairly?" (speech to the Economic Club of Washington, Washington, DC, October 4, 2006).

27. 菲尔·斯特劳斯(Phil Strause),与凯瑟琳·本科的交谈, December 8, 2006。

作者简介

凯瑟琳·本科(Cathleen Benko)是一位深受敬重的资深企业战略专家。她是德勤的首任人才主管,负责为企业招募和培养高技能和多元化的员工队伍,而这支队伍目前已逾四万人。

此前,凯瑟琳身兼两职,负责德勤高科技产业咨询部门和广受赞誉的"女性动议"计划。早前,凯瑟琳是德勤的第一位全球电子商务主管。

凯瑟琳是由哈佛大学出版社出版的《划线连点:动荡时代的经营指南》(Connecting the Dots: Aligning Projects and Objectives in Unpredictable Times)的合著者。凯瑟琳凭借其杰出的专业技能和工作业绩,被《咨询》(Consulting Magazine)杂志评为"最具影响力的25位咨询师"和"一线领袖"。她取得的成就还为科技女性国际(Women in Technology International)和《旧金山商业时报》(San Francisco Business Times)等著名机构津津乐道,而她也连续六年被《旧金山商业时报》评为"旧金山湾地区最具影响力女性"。

凯瑟琳毕业于哈佛大学商学院,获MBA学位,她大学就读于新泽西州的拉马波学院(Ramap College),获理科学士学位。她是德勤执行委员会成员和德勤基金会成员。她与她的丈夫和两个孩子生活在北加利福尼亚州。

安妮·韦斯伯格(Anne Weisberg)是德勤"女性动议"(Women's Initiative)计划的资深顾问,负责在全国范围内设计及实施稳定和培养女性雇员队伍的战略。她是员工多元化、性别构成和工作—生活融合方面的专家。

在加入德勤之前,她是卡塔利斯特咨询服务部门的资深高级经理,为客户设计员工多元化战略。安妮主持过一项大规模律师职业发展研究:法律界女性——说清道明(Catalyst,2001)。她还是《工作母亲必修》(Everything a Working Mother Needs to Know)的合著者。早先,安妮在纽约从事律师工作和在芝加哥为一位联邦法官工作。

安妮是哈佛大学法学院和加州大学伯克利分校理科优秀毕业生。她与她的丈夫和五个孩子生活在纽约曼哈顿。

译 后 记

2009年,译者在美国纽约哥伦比亚大学访学期间,有幸与本书的第二作者韦斯伯格见面,并共进午餐。韦斯伯格与我见面的第一句话就问:"这本书在中国有没有市场?"我不假思索地回答:"在美国,你们有'X代人(出生于上世纪60年代中期到80年代初期)和Y代人(出生于上世纪80年代中后期)';而在中国,我们也常常提到'80后、90后'。虽然他们分处地球的两端,但却有着共同的特点:自我意识强、崇尚自由、兴趣涉猎广泛、学习能力强、自信并富有创新精神。网格化'大规模职业定制'的人事管理模式为美国新一代人提供了将工作与生活有机融合的全新途径,你们走在了中国前面。如果把这本书引入中国,将会有很好的借鉴意义。"

国内对于"80后、90后"这两代人的人生态度和价值取向问题,社会上存在一些偏见。当21世纪的第一个十年落幕时,他们已经作为新生代员工大规模进入职场,并渐成企业的中坚。社会各界能否尊重他们的自由和梦想,让他们在拥有一片属于自己的天地的同时,更好地为企业和社会的发展服务呢?"大规模职业定制"思想虽产生于美国社会,但对于我国劳动力市场的进一步完善不无启示。

《大规模职业定制》为我们描述了一个美好的职场发展前景:为员工们定制职业生涯吧,只有这样,企业才能吸引和留住最优秀的人才;到实施大规模职业定制的企业去工作吧,因为在那里,你能享受到工作与生活完美的融合，不会因为个性化的人生需求而忍痛割舍多年的职场经历、资历和人脉。

　　为了能够让译文较好地贴近现实，在翻译过程中，译者与毕业于大连理工大学经济学院国际贸易（英语强化）专业，现已成为经济学研究生、政府公务员、银行业务主管、会计师事务所咨询顾问和大型企业战略管理人员的学生，就工作观和人生观进行了广泛而深入的探讨，并对部分章节进行了试译，从而为译者正式着手翻译工作起到了很好的铺垫作用。曾娇、周菊花、张博远、刘妙如、覃熊妃、赵璐璐、王丽和高心琦正是这样一群具有创新精神、善解人意和踏实上进的时代骄子。

　　在翻译过程中，译者还得到了商务印书馆李彬老师和刘涛老师的鼓励与帮助。

　　当然，由于译者水平有限，因此还恳请读者对译著中的不足、疏漏，甚至偏差之处予以批评指正！

钱　谊

大连理工大学文萃轩

2011 年 8 月